Mandalas für Anfänger

Beispiele, Aufbau, Meditationen und Rituale

Kontakt: www.HarryEilenstein.de / Harry.Eilenstein@web.de
Impressum: Copyright: 2011 by Harry Eilenstein – Alle Rechte, insbesondere auch das der Übersetzung, vorbehalten. Kein Teil des Buches darf ohne schriftliche Genehmigung des Autors und des Verlages (nicht als Fotokopie, Mikrofilm, auf elektronischen Datenträgern oder im Internet) reproduziert, übersetzt, gespeichert oder verbreitet werden.
Herstellung und Verlag: BoD- Books on Demand, Norderstedt
ISBN: 9783752838688

für
Wakan tanka

Danke!

Inhaltsverzeichnis

I Was ist ein Mandala?

Rein geometrisch gesehen ist ein Mandala ein konzentrisches Muster. In den meisten Fällen handelt es sich um mehrere Kreisringe, die durch ein Kreuz jeweils in vier Viertel geteilt worden sind. Es gibt jedoch auch Mandalas, die aus konzentrischen Quadraten bestehen, also aus Quadraten, die ineinander gezeichnet worden sind und denselben Mittelpunkt haben. Dasselbe gibt es auch mit Dreiecken, Sechsecken usw., aber die Viererteilung ist am häufigsten.

Von seinem Inhalt und von seiner Verwendung her gesehen ist ein Mandala eine symbolische Landkarte, eine Darstellung der Welt. In ihr erscheinen die Elemente, aus der die Welt besteht, in einer Anordnung, die den Zusammenhängen zwischen ihnen entspricht.

Solche Mandalas können sehr schlicht und einfach sein und evtl. nur aus zwei Elementen bestehen wie z.B. einem Kreis, der die Seele symbolisiert, und einem Kreisring um diesen Kreis herum, der den Körper darstellt. Ein anderes sehr einfaches Mandala ist das Sonnensymbol, daß aus einem Kreis (Horizont) und einem Kreuz (die vier Himmelsrichtungen) in ihm besteht.

Ein Mandala kann jedoch auch sehr komplex sein und viele Dutzend Elemente enthalten, die in ihm systematisch angeordnet sind.

Am bekanntesten sind vermutlich die Mandalas der tibetischen Buddhisten, die oft aus farbigem Sand auf eine glatte Unterlage gestreut werden und meist ca. 3x3m groß sind. Ganz ähnliche Mandalas werden auch von den Navaho-Indianern gemalt – ebenfalls aus farbigem Sand. Weitere Mandalas finden sich bei den Indern, ansatzweise auch in den mesopotamischen Kulturen in der mittleren Jungsteinzeit und bei einigen anderen Völkern.

Oftmals findet man in den Mythen der unterschiedlichsten Völker Mandalas, die zwar in den Mythen beschrieben werden, aber nirgendwo als Mandalas bildhaft dargestellt oder explizit als solche bezeichnet werden.

Diese Mandalas bilden die Grundlage für Meditationen, für Rituale und manchmal auch für Orakel. Diese Mandalas sind in aller Regel auch ein wichtiger Bestandteil des Kultes.

II Die Struktur der Mandalas

Mandalas haben einen sehr systematischen und zudem symmetrischen Aufbau. Die in einem solchen Mandala enthaltenen Elemente finden sich auch in den Mythen und im Kult der betreffenden Tradition.

II 1. Die Mitte

So gut wie jedes Mandala hat ein Zentrum. Diese Mitte ist die Essenz des Seins, die Quelle der Welt, die Wurzel des Lebens, der Ursprung der Seelen, die Quintessenz der Alchemisten, das Tao der Chinesen, der Anfang und das Ende, das Alpha und das Omega, das „Große Geheimnis" der Dakota, eine Gottheit, die Sonne, die Seele ...

Da die im Kult gebräuchlichen Mandalas fast immer die Welt als Ganzes darstellen, ist die Essenz dieser Mandalas, also ihre Mitte, das Kether der Kabbalisten, das Nirvana (Leere) der Buddhisten, das Satori (Erleuchtung) im Zen, der Eine Gott im Judentum, im Christentum und im Islam usw.

Man kann natürlich auch Mandalas zu einem bestimmten, begrenzten Thema anfertigen – deren Mitte ist dann die Essenz dieses Themas. Solche untergeordneten Mandalas finden sich vor allem bei den Sand-Bildern der Navaho-Indianern und bei den tibetisch-buddhistischen Mandalas.

Dieses Zentrum ist in jedem Mandala das Ziel der mit ihm verbundenen Meditationen, Traumreisen und Rituale.

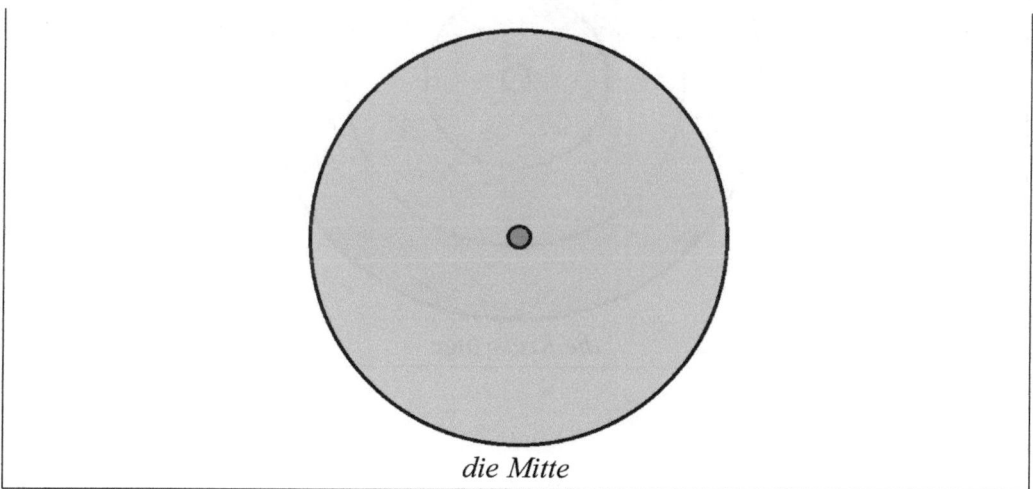

die Mitte

II 2.   Die Kreisringe

Die Kreisringe liegen konzentrisch um den „Quell-Kreis" in der Mitte. An der Stelle der Kreisringe werden manchmal auch Quadrate, Hexagone oder andere regelmäßige Formen verwendet – manchmal auch z.B. Kombinationen aus Kreisen und Quadraten.

- Von innen nach außen hin gesehen stellen diese Kreisringe die Schritte der Entwicklung, die Abschnitte der Schöpfung, die Entfaltung der Welt, die Inkarnation der Seele usw. dar.
In der Kabbala heißt diese Richtung „Blitzstrahl der Schöpfung".

- Von außen nach innen hin gesehen stellen diese Kreisringe die Schritte der Erkenntnis, die Abschnitte der Erleuchtung, das Auflösung der Welt, die Exkarnation der Seele usw. dar.
In der Kabbala heißt diese Richtung „Schlange der Weisheit".

Die Kreisringe symbolisieren also den Weg zwischen innen und außen, zwischen Gott und Welt, Seele und Körper, Bewußtsein und Materie usw.
Die Kreisringe sind sozusagen die Folgen der ersten Ursache: die Kreise, die sich im Wasser bilden, wenn man einen Stein hineinwirft …

die Kreisringe

II 3. Die Unterteilung der Kreisringe

In manchen Mandalas werden die einzelnen Kreisringe noch einmal in weitere Bereiche unterteilt, die zwar alle zu dem betreffenden Kreisring gehören, aber deren Qualitäten deutliche Unterschiede zeigen.

Diese Unterteilungen haben in der Regel in jedem Kreisring dieselbe Anzahl – in dem Beispiel unten sind drei Kreisringe mit jeweils drei Unterbereichen zu sehen.

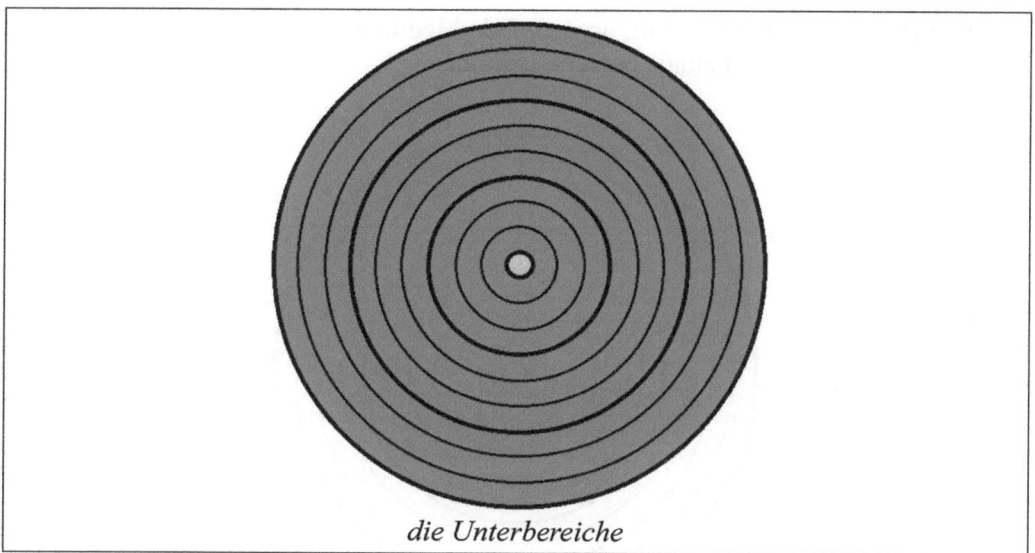

die Unterbereiche

II 4. Der äußere Kreisring

Der äußere Kreisring ist der Gegenpol zu der Mitte: Er ist das konkret gewordene Sein, der Form gewordene Wille des Schöpfers, die Gestalt des Lebens, der Leib der Menschen, die rohe und ungereinigte Prima Materia der Alchemisten, das vollendete Werk, die äußere Form …

Er ist das Malkuth der Kabbalisten, das Samsara (Form) der Buddhisten, die Schöpfung …

Der äußere Kreisring ist der Ort, an dem jede Meditation, jede Traumreise und jedes Ritual, das sich auf das Mandala bezieht, beginnt.

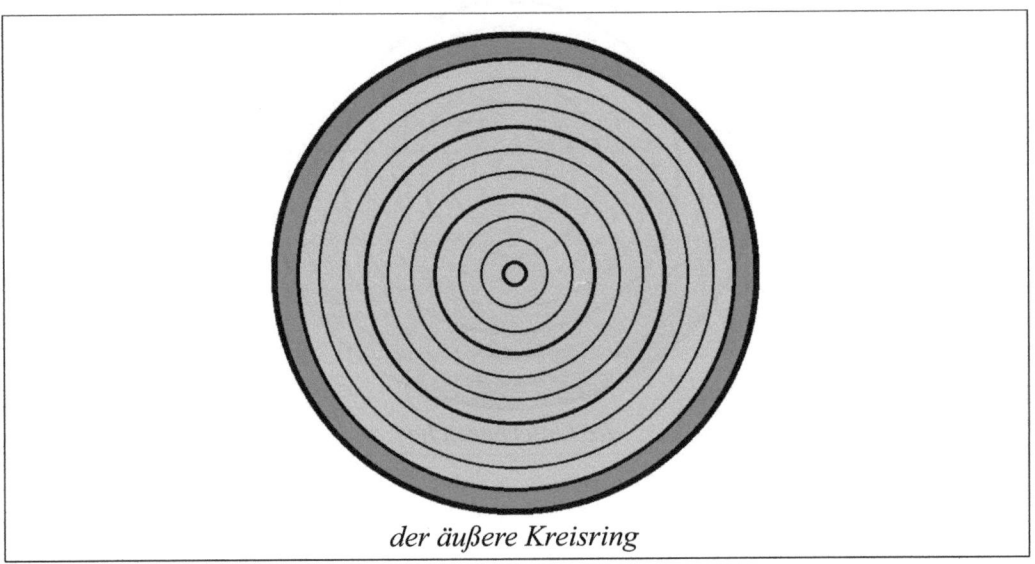

der äußere Kreisring

II 5. Der Umraum

Bei manchen Mandalas gibt es noch einen Umraum um das eigentliche Mandala herum. In ihm werden manchmal die Kräfte der Verwandlung dargestellt, bisweilen auch die Ursachen für die Beschäftigung mit einem solchen Mandala u.ä.

Diese Szenen sind zwar durchaus von Bedeutung, aber sie gehören nicht zu dem eigentlichen Mandala – sie sind der Außenbereich, das Umfeld, die Einflüsse, die Auswirkungen u.ä. In manchen Ritualen spielt dieser Umraum jedoch eine wesentliche Rolle.

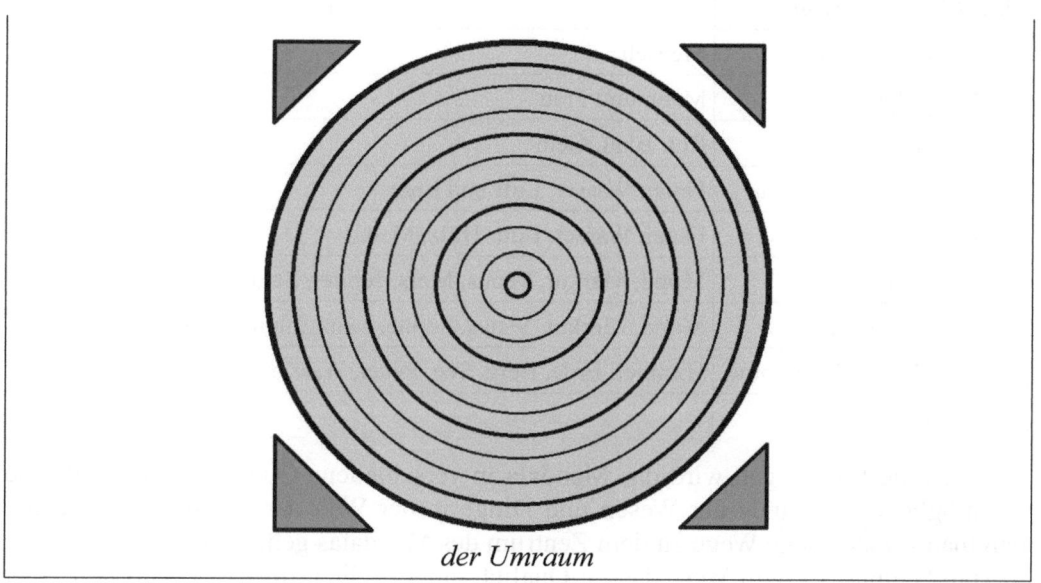

der Umraum

II 6. Die Richtungen

In der Regel hat ein Mandala vier Richtungen. In diesem Fall besteht das Mandala entweder aus konzentrischen Kreisringen oder aus konzentrischen Quadraten.

Es sind aber auch drei, fünf, sechs oder andere „exotische" Anzahlen von Richtungen möglich. Die Anzahl der Richtungen hängt davon ab, aus wie vielen Grundelementen die Welt in der verwendeten Mythologie besteht:

die Richtungen im Mandala		
Anzahl	*Kultur*	*Elemente*
1	allgemein	Mensch
2	allgemein	Mann und Frau
3	Farben	Rot, Blau, Gelb
4	westliche Kultur	Feuer, Wasser, Luft und Erde
5	China	Feuer, Wasser, Luft, Holz, Metall
6	Planeten	Mond, Merkur, Venus, Mars, Jupiter, Saturn (Sonne = Zentrum)
7	Planeten	Mond, Merkur, Venus, Sonne, Mars, Jupiter, Saturn
8	I Ging Trigramme	Himmel, Erde, Berg, See, Feuer, Wasser, Wind, Donner
usw.		

Durch die Richtungen wird das Mandala in verschiedene Qualitäten unterteilt, die die möglichen Zustände der Wesen und Dinge in der Welt darstellen. Das bedeutet, daß man verschiedene Wege zu dem Zentrum des Mandalas gehen kann.

Man beginnt bei dem Weg, dessen Qualität einem selber am leichtesten fällt, aber um den nächstinneren Kreisring betreten zu können, ist es notwendig, auch die übrigen Wege in einem Kreisweg zumindestens ansatzweise gehen zu können.

Ein Beispiel für ein Mandala ohne Richtungseinteilungen ist eine Stadt, in der sich in der Mitte ein Sonnentempel befindet, den man zu erreichen bestrebt ist.

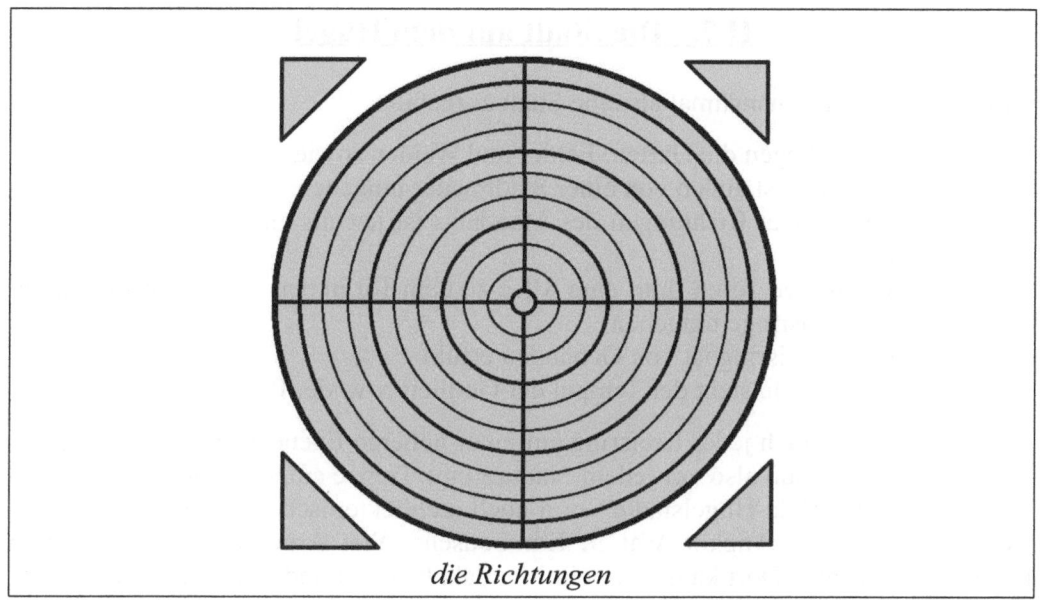

die Richtungen

Das hier dargestellte Mandala besteht aus den folgenden Elementen:

- die Mitte (Kreis)
- drei Kreisringen
- jeweils drei untergeordnete Kreisringe in jedem Haupt-Kreisring
- der Außenring
- die Einteilung in vier Richtungen
- der Umraum (vier Dreiecke)

13

II 7. Die Stadt auf dem Hügel

Ein Mandala wird manchmal als eine Stadt aufgefaßt:

- Außen liegen die Gärten, Felder und Weiden sowie die Friedhöfe.
- Die Stadt ist außen von einer Stadtmauer umgeben.
- In den vier Richtungen des Mandalas ist jeweils ein Tor in dieser Stadtmauer.
- Von diesen Toren führt eine Allee zu dem Tor in den inneren Stadtmauern, die die Kreisringe umgeben.
- Jeder Kreisring ist von Gebäuden erfüllt.
- In der Mitte steht der Tempel der Gottheit bzw. der Palast des Königs.

Manchmal liegt auch jeder Kreisring auf einer höheren Ebene als der Kreisring, der ihn umgibt – man muß also vor jedem Stadttor eine Treppe emporsteigen.

Derartige „Mandala-Hügelstädte" sind auch architektonisch als Tempel umgesetzt worden wie z.B. in Angkor Wat in Kambodscha, Wat Arun in Bangkok und in Borobudur auf Java. Dort kann man ein Mandala betreten und in ihm an jeder Stelle, die man sonst nur als Bild oder in der Traumreise sehen könnte, sich ganz physisch hinsetzen und meditieren oder dort ein Ritual durchführen.

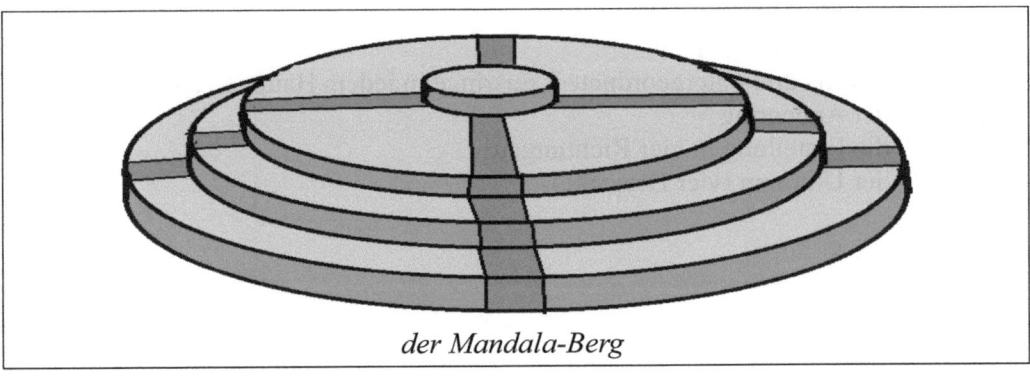

der Mandala-Berg

II 8.   Gegensatz-Ergänzungen

Bei manchen Mandalas findet sich in der Mitte auch ein Ergänzungs-Gegensatz wie „Mann und Frau", „Gott und Göttin", „Yin und Yang" usw., die zwei Aspekte der Welt darstellen. In der Regel sind diese beiden Pole miteinander vereint – sie sind z.B. der innere Mann und die innere Frau in der eigenen Psyche oder das Yin/Yang-Symbol.

Um die Mitte zu erleben, müssen in diesen Mandalas als letzter Schritt diese beiden Pole miteinander vereint werden. In diesem Fall ist der innerste Kreisring nur zweigeteilt.

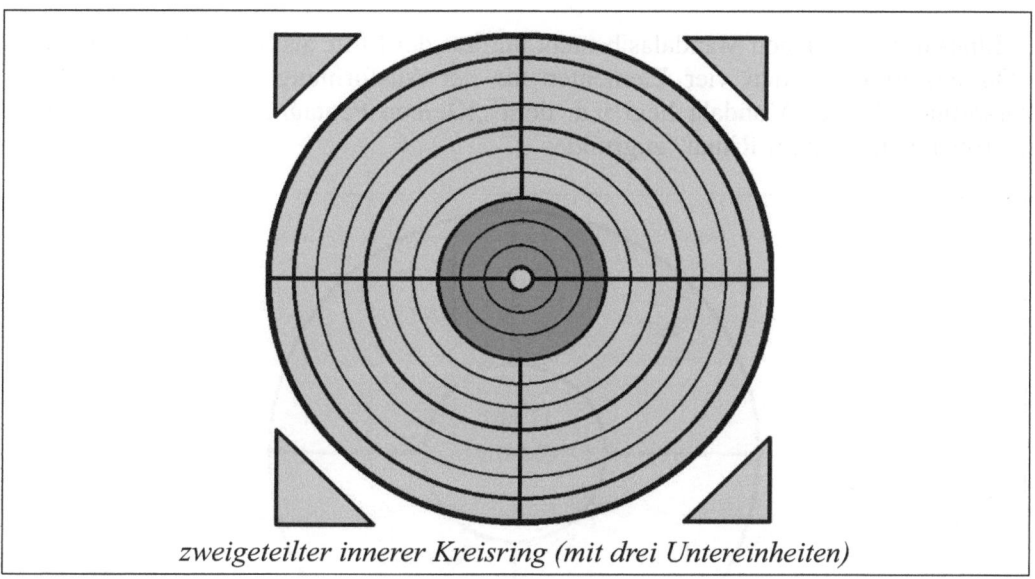

zweigeteilter innerer Kreisring (mit drei Untereinheiten)

III Mandala-Beispiele

Es gibt eine große Anzahl von Mandalas, die sich in ihrem Aufbau, in ihrer Qualität und ihrer Verwendung zum Teil sehr deutlich unterscheiden. In diesem Kapitel wird nur ein kleiner Teil von ihnen aufgeführt, da hier lediglich der die große Vielfalt der Mandalas verdeutlichen werden soll.

III 1. Die vier Elemente und die Quintessenz

Eines der einfachsten Mandalas besteht nur aus der Mitte als Symbol des Ursprungs (Quintessenz) und den vier Elementen als der Ausformung des Potentials dieses Ursprungs. Dieses Mandala liegt u.a. dem „Kleinen Pentagramm-Ritual" und dem „Großen Pentagramm-Ritual" zugrunde.

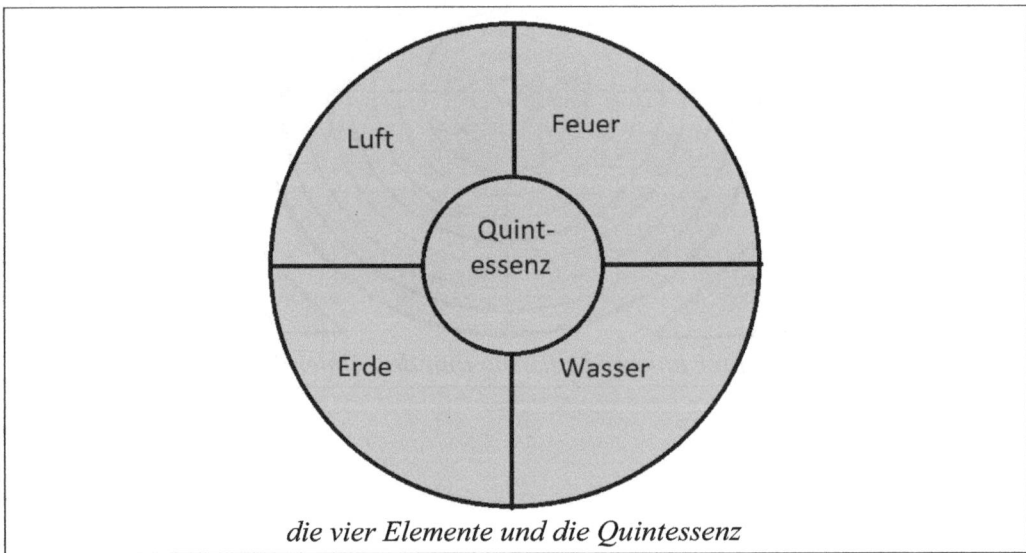

die vier Elemente und die Quintessenz

III 2. Die vier Himmelsrichtungen und die Sonne

Dieses Mandala sieht dem vorigen zwar sehr ähnlich, aber es hat eine ganz andere innere Dynamik. Das Elemente-Mandala ist statisch, das Sonnen-Mandala ist hingegen dynamisch.

In der Mitte des Sonnen-Mandalas steht die Sonne, an ihrem Stand am Himmel kann man die Himmelsrichtungen, die Tageszeiten und die Jahreszeiten erkennen. Die vier Himmelsrichtungen entsprechen auch den vier Elementen und ihrer Anordnung im Pentagramm-Ritual. Der dynamische Aspekt dieses Mandalas ist der Sonnenzyklus, der Jahreskreis, die Folge der Jahreszeiten. Diese Folge läuft in diesem Mandala mit dem Uhrzeigersinn. Diese Folge ist u.a. auch eine Entsprechung zu dem Leben eines Menschen und zu dem Getreide-Zyklus.

die Jahreskreis-Analogien					
Richtung	*Tag*	*Jahr*	*Leben*	*Getreide*	*Element*
Osten	Morgen	Frühling	Geburt	Aussaat	Luft
Süden	Mittag	Sommer	Leben	Wachstum	Feuer
Westen	Abend	Herbst	Sterben	Ernte	Wasser
Norden	Nacht	Winter	Tod	Lagerung	Erde

Dies sind keineswegs alle Analogien, die es zu diesem Mandala gibt.

Die Vielfalt der Analogien, Symbole und Assoziationen zu einem Mandala zeigt, wie wichtig es ist und wie fest es in einer Kultur verankert ist.

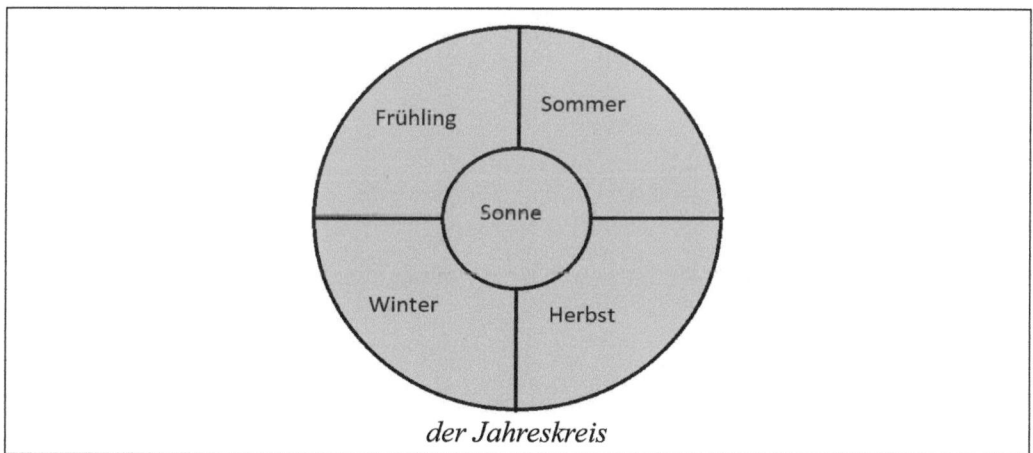

der Jahreskreis

III 3. Der Tierkreis

Der Tierkreis ist ebenfalls ein dynamisches Mandala, d.h. die äußeren Bereiche stellen eine Kreisbewegung dar, die bei dem Tierkreis in zwölf „Phasen" unterteilt ist. Mit „Erde" ist hier nicht das Element, sondern der Planet, auf dem wir leben, gemeint.

Die Bewegung der Sonne durch den Tierkreis läuft hier gegen den Uhrzeigersinn: Widder – Stier – Zwillinge usw.

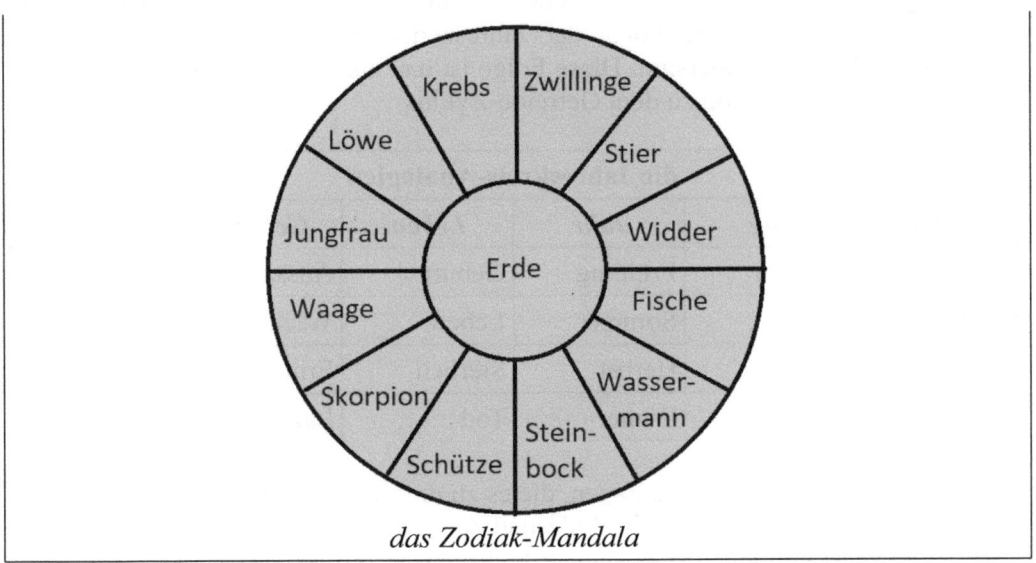

das Zodiak-Mandala

18

III 4. Die Elementarteilchen

Es gibt genau zwölf Elemenarteilchen, aus denen unsere Welt besteht. So wie sich die Tierkreiszeichen aus jeweils drei Dynamiken („kardinal", „fix", „beweglich") der vier Elemente (Feuer, Wasser, Luft, Erde) zusammensetzen, so setzen sich die Elementarteilchen aus jeweils den drei Größen der vier grundlegenden Teilchen zusammen. Die genaue Zuordnung von Wasser und Erde zu den beiden Quarks und die genaue Zuordnung von Feuer und Luft zu dem Elektron und dem Neutrino ist noch unklar – was jedoch nicht die grundlegende Übereinstimmung des Elementarteilchen-Systems mit dem Tierkreis infrage stellt.

Elementarteilchen und Tierkreis			
Tierkreis *Elementarteilchen*	schwere Elementarteilchen *schwere Elemente*	up-Quark-Gruppe *Wasser*	up-Quark *Krebs*
			charm-Quark *Skorpion*
			top-Quark *Fische*
		down-Quark-Gruppe *Erde*	down-Quark *Steinbock*
			strange-Quark *Stier*
			bottom-Quark *Jungfrau*
	leichte Elementarteilchen *leichte Elemente*	Elektron-Gruppe *Luft*	Elektron *Waage*
			Myon *Wassermann*
			Tauon *Zwillinge*
		Neutrino-Gruppe *Feuer*	Elektron-Neutrino *Widder*
			Myon-Neutrino *Löwe*
			Tauon-Neutrino *Schütze*

19

Möglicherweise entspricht das Higgs-Boson, das den Elementarteilchen Masse verleiht, dem Zentrum dieses Mandalas – aber das ist unsicher.

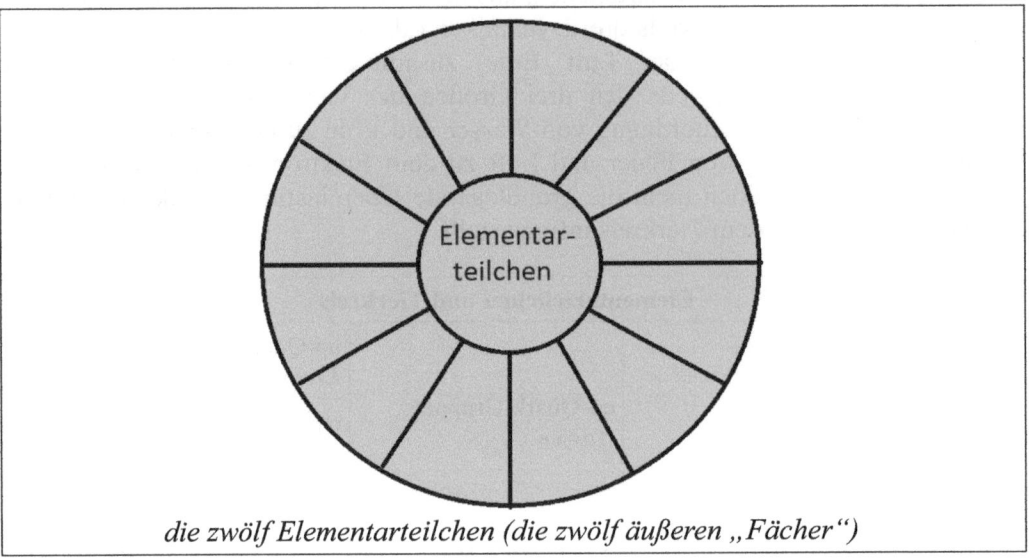

die zwölf Elementarteilchen (die zwölf äußeren „Fächer")

III 5.   Der Superstring

Der Tierkreis ist ein so grundlegender Bestandteil unser Welt, daß er sich auch als die Grundstruktur aller Elementarteilchen wiederfindet. Diese Grundstruktur wird mathematisch als eine kreisförmig schwingende „Saite" (englisch: „string") dargestellt, weshalb diese Struktur „String" bzw. wegen ihrer großen inneren Symmetrie auch „Superstring" genannt wird. Diese Strings sind auch als „Heisenberg'sche Spinketten" bekannt. Sie sind wie der Tierkreis zwölfgeteilt und sind innen hohl, d.h. sie sind in ihrem Zentrum leer, also „nur Raum".

Sie schwingen so, daß immer eins der zwölf Felder „oben" und das folgende Feld „unten" ist. Jeder Bereich schwingt abwechselnd „auf" und „ab" – es sind also immer abwechselnd die sechs Felder, die im Tierkreis den Elementen Wasser und Erde entsprechen oder die sechs Felder, die den Elementen Feuer und Luft entsprechen, „oben". Dieser Wechsel ist in der Graphik durch helle und dunkle Felder dargestellt.

Die Zwölferteilung der Superstrings zeigt in dem Zusammenhang dieses Buches vor allem, daß Mandalas nicht nur ein Konzept des menschlichen Denkens sind, sondern daß die Natur an ihren Wurzeln in der Form von Mandalas aufgebaut ist.

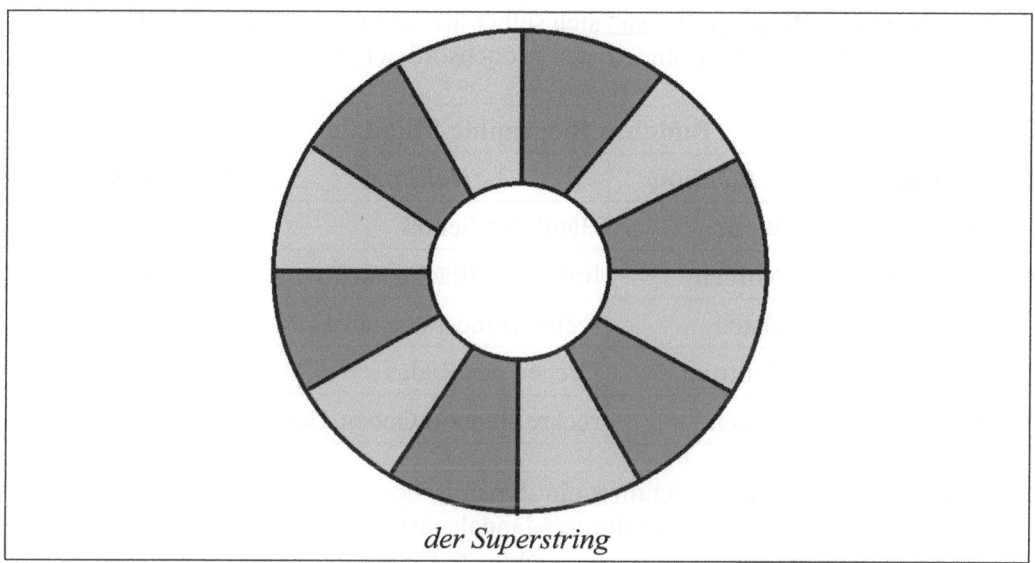

der Superstring

21

III 6.   Die fünf Dhyani-Buddhas

Im Buddhismus gibt es ein Mandala, das aus fünf Buddhas besteht, die Buddhas Lebensgeschichte erzählen:

- Buddha hat als „Amithaba" in seiner Meditation die Welt betrachtet.

- Da er dabei erkannt hat, daß die Welt im Innersten eine Einheit ist, hat er jegliche Furcht verloren und wurde deshalb „Amoghasiddhi" genannt.

- Aus der Erkenntnis der Einheit heraus hat er beschlossen, allen Wesen zu dieser Einsicht zu verhelfen, da er dann auch selber am glücklichsten sein würde – schließlich ist auch er selber ein Teil dieser Einheit aller Wesen. Daraufhin wurde er „Akshobhya" genannt.

- Also begann er seine Erkenntnisse und den Weg dorthin als „Vairocana" zu lehren – das ist das Zentrum des Lebens des Buddha und auch des Mandalas.

- Um den Menschen das Erlangen der Erleuchtung zu erleichtern, gab er ihnen als „Ratnasambhava" sich selber als Vorbild („Buddha") und seine Lehre („Dharma") und gründete den Mönchsorden („Sangha").

Buddhas Biographie-Mandala			
Name	*Richtung*	*Haltung*	*Bedeutung*
Amithaba	Westen	Hände im Schoß	Betrachtung
Amoghasiddhi	Norden	linke Handfläche nach vorn	Furchtlosigkeit
Akshobhya	Osten	rechte Handspitze auf Erde	Entschluß
Vairocana	Zentrum	Drehen des Rades	Lehren
Ratnasambhava	Süden	rechte Hand in Geben-Geste	Einweihungen

Dieses Mandala ist offensichtlich ein dynamisches Mandala, da es eine Entwicklung darstellt. Eine Besonderheit dieses Mandalas ist es, daß es nicht konzentrisch ist, sondern lediglich Buddhas Lehren als wichtigste Lebensphase in den Mittelpunkt des Mandalas stellt.

Genau genommen sollte man die Darstellung der fünf Dhyani-Buddhas daher eigentlich nicht „Mandala", sondern „Graphik" nennen, denn es gibt keine konzentrisch-symmetrische Struktur.

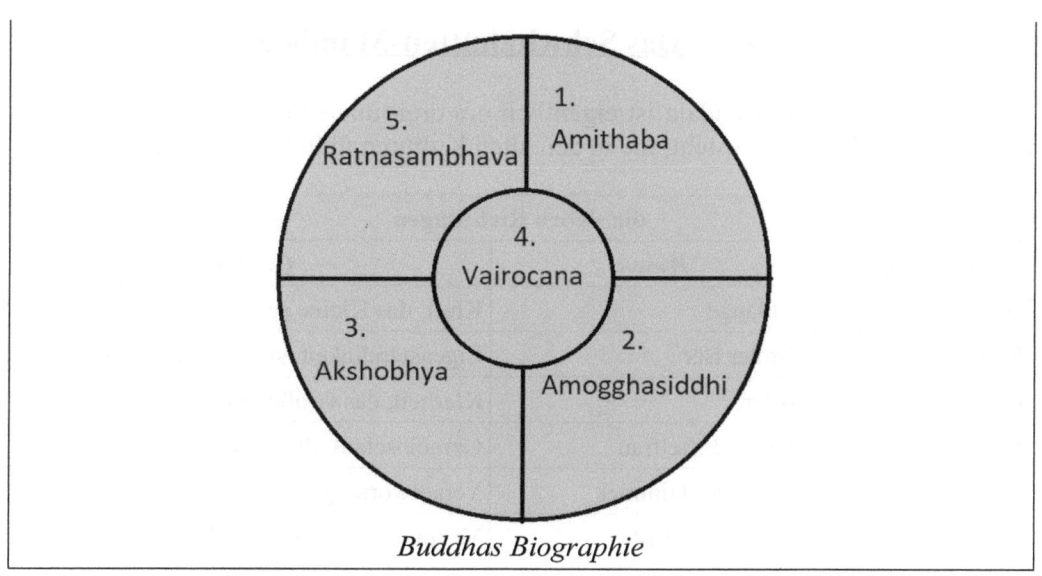

Buddhas Biographie

III 7. Das Schwitzhütten-Mandala

Das Schwitzhütten-Mandala ist eigentlich ein dreidimensionales Mandala, das aus den sieben Richtungen besteht, die in den alten Kulturen üblich gewesen sind:

die sieben Richtungen		
Richtung	*Wesen*	*Qualität*
Westen	Schlange	Kraft, das Kleine sehen
Norden	Großer Bär	Eigenständigkeit, sich selber sehen
Osten	Adler	Klarheit, das Große sehen
Süden	Weiße Büffelfrau	Gemeinschaft, die anderen sehen
oben	Großvater Himmel	Verantwortung, tragen
unten	Großmutter Erde	Vertrauen, getragen werden
Mitte	Großes Geheimnis	Leben

Die vier Tiere stellen Fähigkeiten, Haltungen und Blickweisen dar, die Gegensatz-Ergänzungen sind (Adler und Schlange; Bär und Büffel). Großvater Himmel und Großmutter Erde sind zwei grundlegendere Wesen – sie bilden den Hintergrund. Das Große Geheimnis ist das Herz des Ganzen.

Weil diese drei Gruppen „unterschiedlich tiefe Wurzeln" haben, kann man sie als konzentrische Kreise darstellen. Dabei ist es wichtig zu beachten, daß die vier Tiere keine feste Zuordnung zu Großvater Himmel und Großmutter Erde haben – auch wenn Schlange und Büffel eher weibliche Eigenschaften haben und Adler und Bär eher männliche Eigenschaften verkörpern.

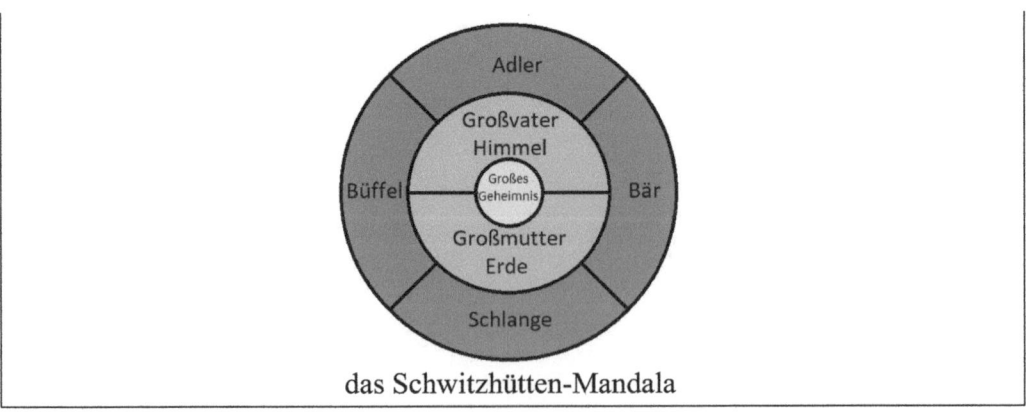

das Schwitzhütten-Mandala

24

III 8. Das Chakren-Mandala

Die Chakren sind die „Organe" des Lebenskraftkörpers und die Kundalini ist der Lebenskraft-Kreislauf in diesem Lebenskraftkörper. Die Chakren sind symmetrisch aufgebaut:

- Im Zentrum ist das Herzchakra, das die Identität eines Menschen enthält.

- Im Sonnengeflecht unterhalb des Herzchakras und im Hals-Chakra oberhalb des Herzchakras liegt der Selbstausdruck, d.h. die Gefühle:
- Im Sonnengeflecht ist dies der körperliche Selbstausdruck.
- Im Halschakra ist dies der soziale Selbstausdruck.

- Im Hara unter dem Sonnengeflecht und im Dritten Auge über dem Hals-Chakra liegt die Konkretisierung der Wünsche, also auch das Denken:
- Im Hara ist dies der innere Halt
- Im Dritten Auge ist dies die Orientierung in der Welt.

- Im Wurzelchakra unter dem Hara und im Scheitelchakra über dem Dritten Auge liegt das Erleben:
- Im Wurzelchakra liegt der körperliche Kontakt.
- Im Scheitelchakra liegt der geistige Kontakt.

die Chakren-Symmetrie			
Chakra	*Funktion*	*Grundqualität*	*Symmetrie*
Scheitelchakra	geistiger Kontakt	Kontakt	
Drittes Auge	Orientierung	Konkretisierung	
Halschakra	sozialer Selbstausdruck	Impuls	
Herzchakra	Identität	Identität	
Sonnengeflecht	körperlicher Selbstausdruck	Impuls	
Hara	innerer Halt	Konkretisierung	
Wurzelchakra	körperlicher Kontakt	Kontakt	

Das Chakrensystem ist eins der seltenen Mandalas, die aus zwei Hälften statt aus vier Vierteln bestehen:

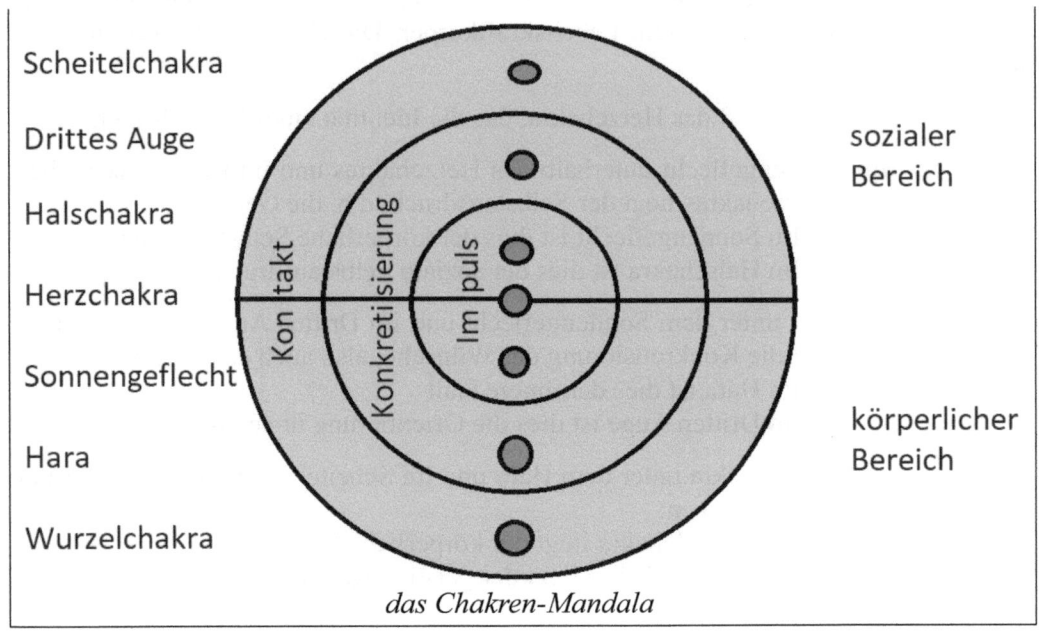

Scheitelchakra

Drittes Auge

Halschakra

Herzchakra

Sonnengeflecht

Hara

Wurzelchakra

sozialer Bereich

körperlicher Bereich

Kontakt

Konkretisierung

Impuls

das Chakren-Mandala

Das Zentrum ist das Herzchakra,
der innere Kreisring sind die allgemeinen Wünsche,
der mittlere Kreisring sind die konkreten Wünsche,
der äußere Kreisring sind die Kontakte,
die obere Hälfte ist der soziale Bereich (außen),
die untere Hälfte ist der körperliche Bereich (innen).

III 9. Ein Lebensbaum-Mandala

Der Lebensbaum ist ein „3-Stufen-System":

- Am Anfang steht die Welt als Ganzes. => 1 Element

- Dann wird diese Welt in Gottes Einheit, die Vielfalt der materiellen Welt und die Verbindung und Dynamik zwischen diesen beiden Polen aufgeteilt. => 3 Elemente

- Als nächstes wird diese Verbindung in drei Stufen aufgeteilt. => 5 Elemente

- Schließlich wird noch jede dieser drei Stufen in wieder drei „Unterstufen" gegliedert. => 11 Elemente

Diese elfteilige Struktur wird üblicherweise als „Baum" darstellt und mit hebräischen Namen benannt. Diese elf Elemente („Sephiroth") entsprechen u.a. den elf Planeten.

Der kabbalistische Lebensbaum			
Lebensbaum	Nr.	Name	Planet
	1	Kether	Pluto
	2	Chokmah	Neptun
	3	Binah	Uranus
	D	Da'ath	Saturn
	4	Chesed	Jupiter
	5	Geburah	Mars
	6	Tiphareth	Sonne
	7	Netzach	Venus
	8	Hod	Merkur
	9	Yesod	Mond
	10	Malkuth	Erde

Die Sephirah Da'ath gilt in der klassischen Kabbala als „unsichtbar" oder „verborgen" und hat daher keine Zahl erhalten, weshalb sie hier mit einem „D" statt mit einer Zahl angeführt wird.

Diese Struktur läßt sich in allen Dingen von einem Staubsauger über das klassische Ballett bis hin zu der Deutschen Verfassung wiederfinden, was deutlich zeigt, daß es sich bei dieser Struktur um eine allgemeingültige Struktur handelt.

Siehe dazu bei Bedarf meine Bücher „Kursus der praktischen Kabbala" oder „Blüten des Lebensbaumes I-III".

Da diese Graphik die Entfaltung der Vielheit der Welt aus einer Einheit heraus beschreibt, kann man diesen „Lebensbaum" auch als Mandala darstellen.

Die fünf Hauptbereiche dieser Graphik haben (wenn man sie auf den Menschen anwendet) die folgende Entsprechung, die mit bestimmten Erlebnissen verbunden ist:

- A Gott:
      1. Kether: gleißend weißes Licht

- B Gottheiten:
      2. Chokmah: Lichtsturm
      3. Binah: Gemeinschaft
      D. Da'ath: Kontinuum

- C Seelen:
      4. Chesed: Inkarnations-Gedächtnis
      5. Geburah: Karma
      6. Tiphareth: Seele

- D Psyche:
      7. Netzach: Gefühle
      8. Hod: Gedanken
      9. Yesod: Erinnerung

- E Körper:
      10. Malkuth: Körper

Der Lebensbaum ist zunächst einmal ein Mandala ohne Einteilungen in den Richtungen – er besteht nur aus konzentrischen Kreisen.

Der dunkle Punkt in der Graphik auf der nächsten Seite innen ist die Einheit (Gott), dann folgen die drei hellen Kreisringe der Gottheiten, dann die drei dunklen Kreisringe der Seele, dann die drei hellen Kreisringe der Psyche und außen der dunkle Kreisring des Körpers.

Die verschiedenen Grautöne („hell" und „dunkel") haben hier keine inhaltliche Bedeutung, sondern sollen nur das Erfassen des Mandalas erleichtern.

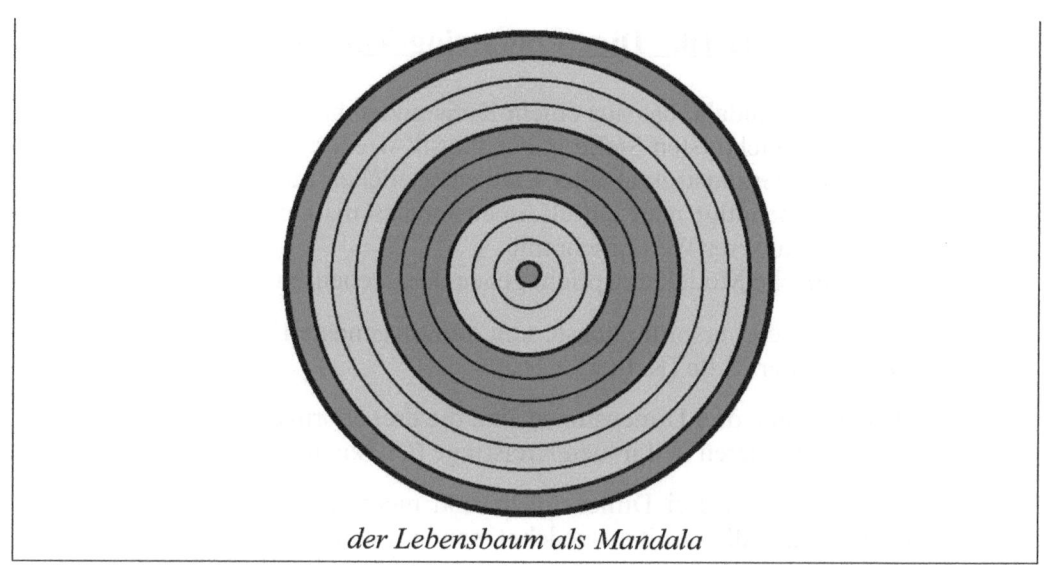

der Lebensbaum als Mandala

Die Übergänge zwischen den Hauptbereichen auf dem Lebensbaum bzw. in diesem Mandala haben Namen:

- der Übergang vom Außen-Kreisring (Körper) zu den drei äußeren hellen Kreisringen (Psyche): „Schwelle"

- der Übergang von den drei hellen Außen-Kreisringen (Psyche) zu den drei mittleren dunklen Kreisringen (Seele): „Graben"

- der Übergang von den drei mittleren, dunklen Kreisringen (Seele) zu den drei inneren hellen Kreisringen (Gottheiten): „Abgrund"

- der Übergang von den drei hellen, inneren Kreisringen (Gottheiten) zu dem dunklen Kreis im Zentrum (Gott) hat keinen traditionellen Namen, aber könnte z.B. „Formlosigkeit" genannt werden.

Diese Übergänge sind bei einem Mandala-Ritual, das auf dem Lebensbaum beruht, die Orte, an denen die größte Dynamik zu finden ist, da hier ein neuer Bereich betreten wird, neue Erkenntnisse entstehen und Verwandlungen in Gang gesetzt werden.

Wenn dieses Lebensbaum-Mandala als Stadt imaginiert wird, sind die Schwelle, der Graben, der Abgrund und die Formlosigkeit die vier Tore, durch die man innerhalb der Stadt gehen muß, um an das Ziel in der Mitte zu kommen. An diesen Toren warten dann „Wächter", mit denen man sich evtl. auseinandersetzen muß – an dem „Graben", der von der Psyche zur Seele führt, z.B. der eigene Schatten, also der verdrängte Teil der eigenen Psyche.

III 10. Die Superstring-Theorie

Das Lebensbaum-Mandala, das aus einem Kreis und zehn Kreisringen besteht, findet sich auch an der wichtigsten Stelle in der Physik wieder: Zur Beschreibung eines Superstrings, der die Grundstruktur aller Elementarteilchen und aller Energiequanten in unserer Welt ist, benötigt man ein elfdimensionales mathematisches Modell, das die elf Dimensionen unserer Welt beschreibt.

Dieses mathematische Modell entspricht genau dem Lebensbaum-Mandala:

- Die erste und ursprünglichste und grundlegendste Dimension ist die Zeit: der Kreis in der Mitte (Kether).

- Die nächsten drei Dimensionen sind die drei „normalen „Raum-Dimensionen: die drei inneren hellgrauen Kreisringe (Chokmah, Binah, Da'ath).

- Die nächsten drei Dimensionen sind nicht wie die „normalen" Raum-Dimensionen endlos weit ausgedehnt, sondern winzig klein und daher im Alltag nicht wahrnehmbar: die drei mittleren dunkelgrauen Kreisringe (Chesed, Geburah, Tiphareth).

- Dasselbe gilt auch für die nächsten drei Raum-Dimensionen, die ebenfalls nur weit unterhalb der Größe eines Elektrons in Erscheinung treten: die drei äußeren hellgrauen Kreisringe (Netzach, Hod, Yesod).

- Schließlich gibt es noch eine Dimension, die die Funktion hat, die übrigen zehn Dimensionen zusammenzufassen: der äußere Kreisring (Malkuth).

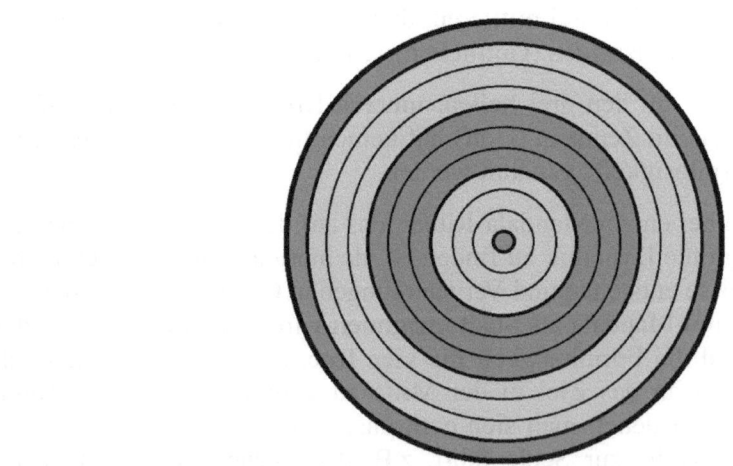

die elf Dimensionen der Superstringtheorie

III 11. Ein Tarot-Mandala

Die Tarotkarten sind von dem Lebensbaum abgeleitet worden. Sie teilen sich in drei Gruppen:

- 1. Die 22 großen Arkana: Sie entsprechen den Pfaden auf dem Lebensbaum, also den Linien, die die elf „Kugeln" miteinander verbinden.

- 2. Die 56 kleinen Arkana:

a) Die 16 Hofkarten: Sie entsprechen den vier Elementen und erscheinen in jeweils vier Formen (König =Feuer-Aspekt; Königin = Wasser-Aspekt; Ritter = Luft-Aspekt; Knappe = Erd-Aspekt).

b) Die 40 Zahlen-Karten: Sie entsprechen den 10 Sephiroth (Kreisen) auf dem Lebensbaum (ohne Da'ath) und erscheinen jeweils in vier Formen, die den vier Elementen entsprechen.

Aus den 40 Zahlenkarten läßt sich folglich ein viergeteiltes Lebensbaum-Mandala herstellen, wobei der Da'ath-Kreisring jedoch leer bleibt.

Der praktische Nutzen dieses Mandalas ist recht begrenzt – es bietet die Möglichkeit, die eigenen Kenntnisse des Tarot und des kabbalistischen Lebensbaumes miteinander zu kombinieren. Wenn man ein Mandala-Ritual durchführen möchte, das auf dem Lebensbaum beruht, kann man diese 40 Tarotkarten evtl. auch benutzen, um über den Weg von Außen (Vielheit) nach Innen (Einheit) hin zu meditieren.

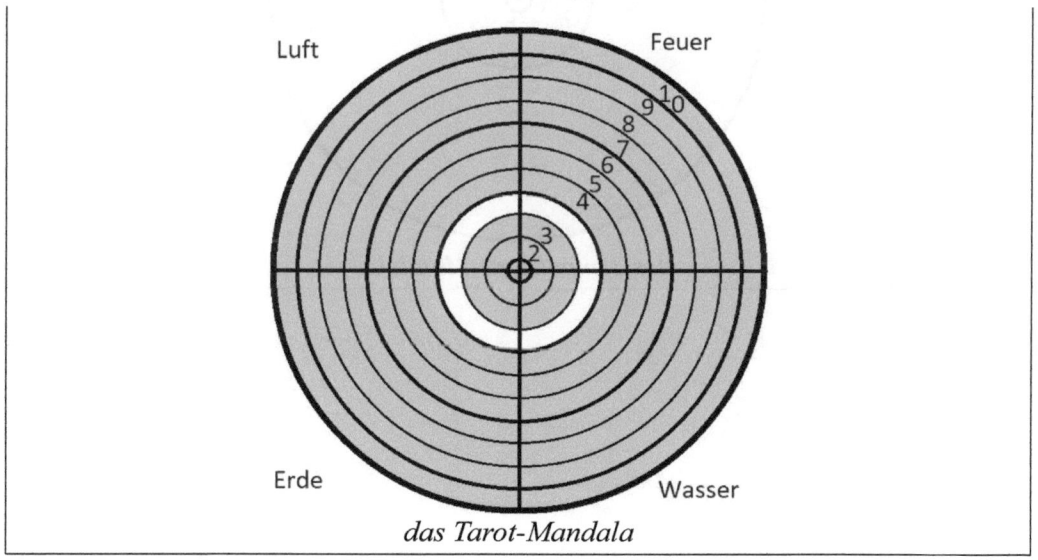

das Tarot-Mandala

III 12. Der Sonnentempel

Dies ist eine Meditation, die aus dem Golden Dawn stammt und dazu dient, den Kontakt zur eigenen Seele zu erlangen. Diese Meditation besteht aus der folgenden Imagination:

- Man geht durch die Wüste auf eine Stadt zu. => Umraum des Mandalas

- Man betritt die Stadt durch ein Tor. => Die Stadt ist die Psyche.

- Man geht durch die Stadt zu dem Tempel in ihrem Zentrum. => Der Tempel ist das Herzchakra.

- Dort ruft man die eigene Seele an und bittet sie zu erscheinen.

Das Mandala dieser Meditation ist also sehr schlicht (dunkler Kreis im Zentrum = Seele):

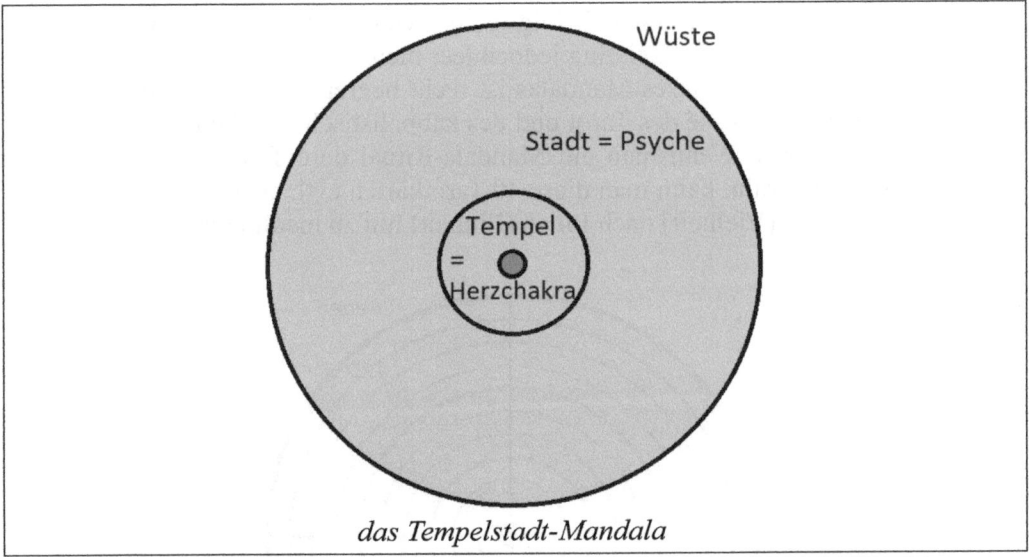

das Tempelstadt-Mandala

III 13. Das Labyrinth

Eine weitere spezielle Form des Mandalas ist das Weg-Mandala, das nur aus einem Weg besteht wie z.B. das Labyrinth in der Kathedrale von Chartre. Dieses Labyrinth ist auch schon aus der Jungsteinzeit bekannt.

Ursprünglich sind diese Labyrinthe einfach nur nach einem bestimmten Muster gewundene Wege gewesen, die den Weg vom Diesseits in das Jenseits dargestellt haben. Die Darstellung dieses Weges als verwirrende Wege-Vielfalt ist erst später entstanden.

das Jenseitsweg-Mandala

III 14. Das Beziehungs-Mandala

Das Beziehungs-Mandala ist ein schlichtes Mandala, das sich aus meinen Betrachtungen meiner Psyche und aus meinen Beratungen von anderen Menschen ergeben hat. Es enthält eine Viererteilung und eine Zweierteilung und einen eher unüblichen inneren Aufbau.

Dieses Mandala besteht aus vier Bereichen:

1. Bereich: Das Zentrum ist die eigene Seele mit ihrem Entschluß sich zu inkarnieren.

2. Bereich: Der innere Kreisring ist zweigeteilt und enthält das Bild des inneren Mannes und das Bild der inneren Frau. Diese beiden Bilder sind die Spiegelbilder der eigenen Seele in der Lebenskraft – da die Lebenskraft zweipolar ist, entstehen zwei Spiegelbilder der Seele.

3. Bereich: Wenn die Psyche unter großen Streß gerät oder sogar ein Trauma entsteht, polarisieren sich die beiden Spiegelbilder der Seele, wodurch drei Arten von polaren Extrem-Paaren entstehen können: „Süchtiger und Asket", „Täter und Opfer" sowie „Star und Fan". Dadurch entstehen insgesamt vier Bilder: zwei polare Zerrbilder des inneren Männerbildes und zwei polare Zerrbilder des inneren Frauenbildes. Diese vier Bilder sind für den Aufbau und die Abäufe in der Psyche sehr prägend.

4. Bereich: Als Mann lebt man eines der beiden Zerrbilder des inneren Mannes – z.B. den Süchtigen. Die anderen drei Zerrbilder wollen jedoch auch gelebt werden – was dazu führt, daß man sie auf andere Menschen projiziert und dann gemeinsam mit ihnen ein Drama aufführt, dessen Thema das ist, was die Polarisierung des heilen Frauenbildes und des heilen Männerbildes ursprünglich einmal verursacht hat: Mangel, Gewalt oder Mißachtung.

In diesem Drama gibt es vier klar definierte und festgelegte Rollen:

- Die Menschen mit demselben Geschlecht und derselben Polarisierung (in dem Beispiel der Süchtige) können Freunde und „Leidensgenossen" werden.

- Die Menschen mit dem anderen Geschlecht und derselben Polarisierung (in diesem Beispiel die Süchtige) können ebenfalls Freunde und „Leidensgenossen" werden.

- Die Menschen mit demselben Geschlecht und entgegengesetzter Polarisierung (in diesem Beispiel der Asket) kann zu dem Feind und Konkurrent werden.

- Die Menschen mit dem anderen Geschlecht und der entgegengesetzten Polarisierung (in dem Beispiel die Asketin) werden als Beziehungspartner gewählt – und bilden dann den Kern des „Lebensdramas".

Die Heilung dieses Mandalas besteht aus drei Schritten:

- Erstens darin, daß man erkennt, daß die „Schauspieler in dem eigenen Drama" Rollen übernehmen, die man selber in sich trägt, und daß man selber auch Rollen übernimmt, die die anderen in sich tragen. Daraufhin nimmt man diese Rollen mit einer symbolischen Geste in sich zurück – was der größte Schritt ist.

- Zweitens vereint man die beiden polarisierten Zerrbild-Paare miteinander, wodurch man die beiden heilen Spiegelbilder der eigenen Seele wiederfindet.

- Drittens vereinen sich die beiden heilen Spiegelbilder miteinander, wodurch die eigene Seele sichtbar wird – das geschieht meistens spontan und ohne eigenes Zutun.

Eine ausführliche Darstellung dieses Mandalas findet sich in meinem Buch „Das Beziehungs-Mandala".

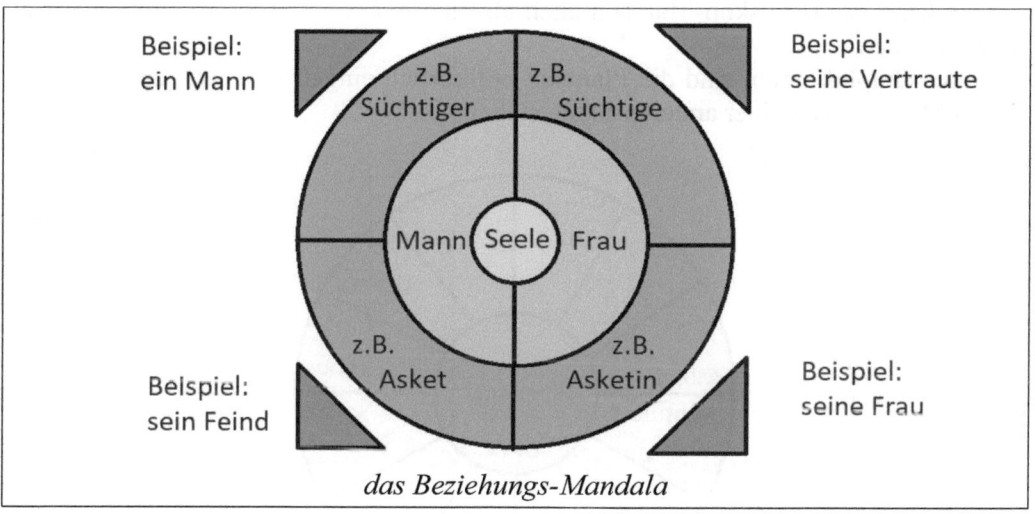

das Beziehungs-Mandala

35

III 15.   Das Horoskop-Mandala

Die bisherigen Mandalas sind allesamt allgemeingültig gewesen. Es gibt jedoch auch individuelle Mandalas, die bei jedem Menschen anders aussehen. Dazu gehört das Horoskop-Mandala. Man kann das eigene Horoskop als den Außenbereich eines Mandalas benutzen – wodurch der innere Bereich dieses Mandalas zu dem „Regisseur" dieses Horoskop-Schauspiels wird.

Für dieses Mandala stellt man das eigene Horoskop auf dem Fußboden dar (Planeten-Symbole auf Zetteln), wobei der Aszendent (Sonnenaufgangs-Punkt) nach Osten weisen sollte. Dann stellt man sich in die Mitte dieses Mandalas und spürt der Qualität dort in der Mitte nach.

Das Horoskop ist wie ein Schauspiel aufgebaut:

- Der Aszendent ist das Bühnenbild,
- die Planeten sind die Schauspieler,
- die Tierkreiszeichen sind die Rollen dieser Schauspieler,
- die Häuser sind die Bereiche auf der Bühne (Lebensbereiche),
- die Aspekte sind das Drehbuch,
- das Ich ist der Regisseur und
- die Seele ist der Drehbuchautor.

Man kann das Horoskop-Mandala auch als eine Art von „interner Familienaufstellung" ansehen.

In der Graphik unten sind die Planeten willkürlich eingetragen worden, da sie bei jedem Menschen an einer anderen Stelle stehen.

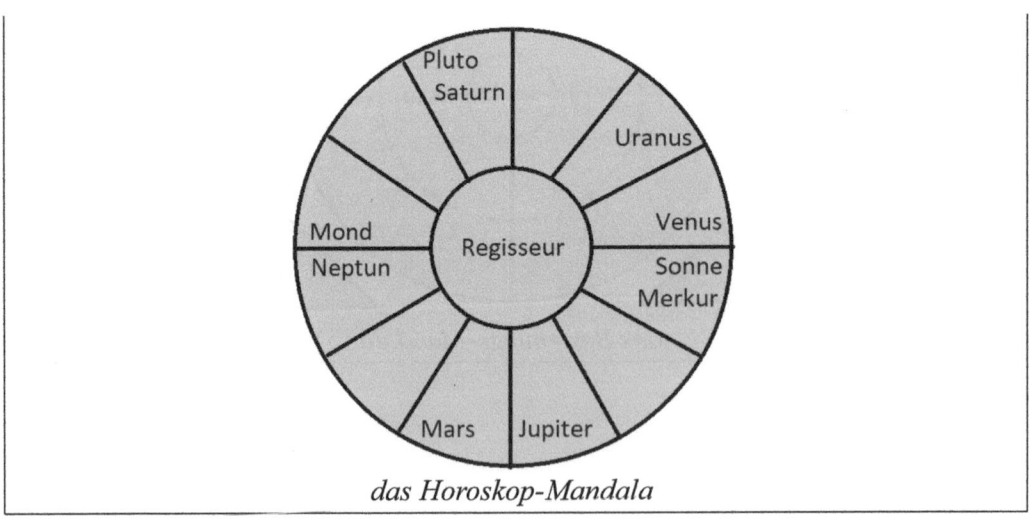

das Horoskop-Mandala

III 16. Das persönliche Mandala

Man kann das einfache Lebensbaum-Mandala dazu benutzen, um ein persönliches Mandala herzustellen, das fünf Elemente enthält: den eigenen Körper, die drei Verbündeten (Krafttier, Kraftpflanze, Kraftstein), die Seele, die Schutzgottheit und Gott.

Da dieses Mandala keine Strukturen innerhalb der Kreisringe enthält (wenn man einmal von der Dreizahl der Verbündeten absieht), ist dies ein Weg-Mandala wie das Labyrinth in der Kathedrale von Chartre – aber eben nicht der allgemeine, sondern der persönliche Weg zur Einheit.

Das folgende Mandala enthält Beispiel für diese Wesen, damit es anschaulicher ist.

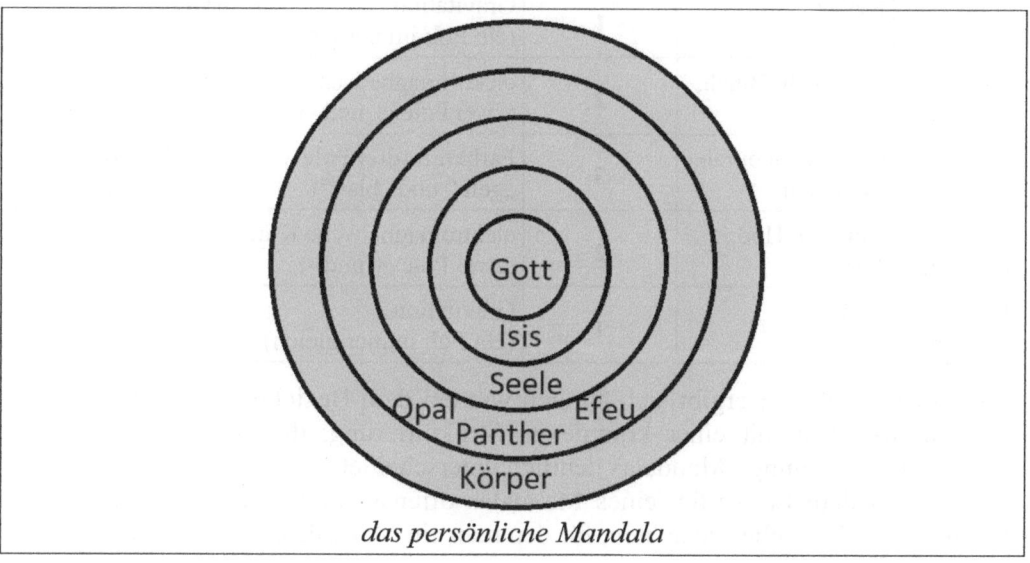

das persönliche Mandala

Man kann diese fünf Ebenen von Wesen auch als Totempfahl darstellen, in denen sie übereinander dargestellt werden – dann wäre dieser Totempfahl wie dieses Mandala ein Symbol des Weges nach innen.

III 17.   Ein Mandala mit komplexer Struktur

Auf dem Lebensbaum gibt es eine innere Struktur, die sichtbar wird, wenn man den Lebensbaum auf die Meditation oder auf die Physik anwendet. Diese Struktur besteht aus drei Arten der Polarität – deren gründliche Beschreibung allerdings den Rahmen dieses Buches sprengen würde und hier nur zur Beschreibung der möglichen Mandala-Strukturen angeführt wird.

die Polaritäten auf dem Lebensbaum				
Bereich	*Sephiroth*	*Polarität*	*Kraft*	*Mensch*
Mitte	Kether	1	Gravitation (ein Pol: immer gleich)	Gott
innerer Kreisring	Chokmah, Binah, Da'ath	2	elektromagnetische Kraft (zwei Pole: + und -)	Schutzgottheit und deren Gegenpol
mittlerer Kreisring	Chesed, Geburah, Tiphareth	3	Farbkraft (drei Pole: „rot", „gelb" und „blau")	Seele und ihre beiden Begleiter
äußerer Kreisring	Netzach, Hod, Yesod	2	elektromagnetische Kraft (zwei Pole: + und -)	innerer Mann und innere Frau
Außen-Kreisring	Malkuth	1	Gravitation (ein Pol: immer gleich)	Körper

Aus dieser Polarität ergibt sich ähnlich wie bei dem Beziehungs-Mandala ein allgemeines Mandala mit einer komplexen Strukturierung, die sich jedoch von der Struktur des Beziehungs-Mandalas deutlich unterscheidet.

Es ist bei dem Entwerfen eines Mandalas offensichtlich wichtig, genau auf die Strukturen des Bereiches zu achten, für den man ein Mandala entwerfen will.

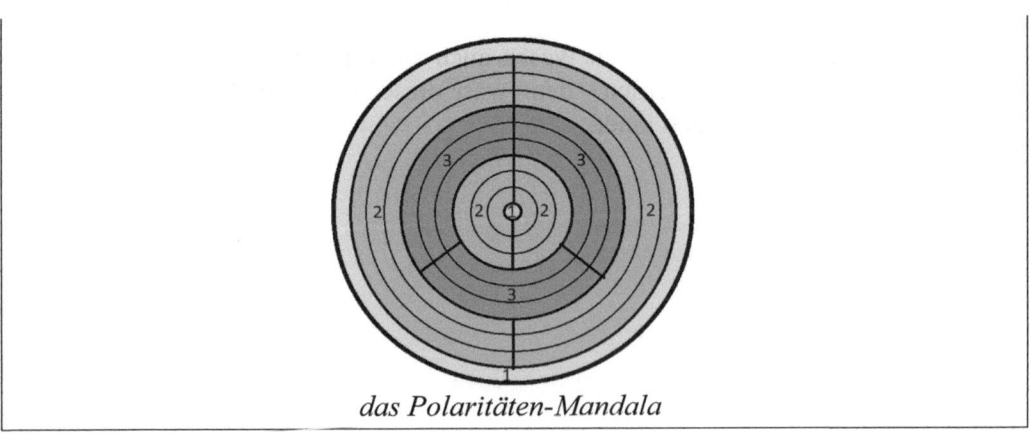

das Polaritäten-Mandala

III 18. Gottheiten-Mandalas

Es gibt vor allem im Buddhismus und bei den Indianern im Süden der USA und teilweise auch im Hinduismus Mandalas, die zu einer bestimmten Gottheit gehören wie im Buddhismus zu Hevajra, Vajradhara, Dakini usw. oder bei den Navaho-Indianern zu Changing Woman. Diese Mandalas haben einen individuellen Aufbau, der den Charakter der betreffenden Gottheit und ihre Wirkung auf den Menschen widerspiegelt. Diese Mandalas lassen sich meistens nur verstehen, wenn man ein großes Vorwissen über die betreffende Gottheit hat.

III 19. Eigene Mandalas

Es gibt die traditionellen Mandalas wie bei den Tibetern und bei den Navaho-Indianern sowie die Mandalas, die man aus bereits bekannten Strukturen wie dem Lebensbaum herleiten kann. Doch man kann auch jederzeit vollkommen neue Mandalas entdecken wie z.B. das Beziehungs-Mandala.

Daher kann man stets für den Bereich, für den man sich besonders interessiert, ein Mandala entwerfen, wenn man die innere Struktur des betreffenden Bereichs erkannt hat.

III 20. Das „I Ging"-Mandala

Das chinesische Buch „I Ging" („Buch des Wandels") baut auf der alten chinesischen Mythologie auf:

- Am Anfang war das Tao, die Einheit hinter allen Erscheinung.

- Das Tao teilte sich in das Yin (Jenseits) und das Yang (Diesseits).

- Yin und Yang kombinierten sich miteinander zu den 4 Grundelementen („Digramme"), die Tages- und Jahreszeiten entsprechen.

- Diese 4 Grundelemente teilten sich noch einmal in den 8 Trigramme auf, die die Grundzustände in der Welt sind.

- Die 64 möglichen Verwandlungen dieser 8 Trigramme in ein anderes der 8 Trigramme (oder in dasselbe Trigramm) ergeben die 64 Hexagramme des I Ging, auf denen das „I Ging"-Orakel aufbaut.

Aus diesen 8·8 Verwandlungs-Möglichkeiten ist u.a. auch das Spielbrett entstanden, daß im Schach, beim Dame-Spiel und im Go benutzt wird und aus 8·8 Feldern besteht.

Die traditionelle Herleitung der 64 Hexagramme des I Gings ist in der folgenden Tabelle dargestellt. Die Zuordnung der Tages- und Jahreszeiten zu den vier Digrammen stammt von mir, aber sie ergibt sich aus der inneren Logik der Symbolik des I Ging.

die Hexagramme des I Gings				
Einheit	*Yin/Yang*	*Digramme*	*Trigramme*	*Hexagramme*
Tao	--- Himmel	- - junges Yang (Morgen) (Frühling)	--- / - - / --- Feuer	acht Kombinationen von „Feuer" und einem weiteren Trigramm
			- - / - - / --- Donner	acht Kombinationen von „Donner" und einem weiteren Trigramm
		--- altes Yang (Tag) (Sommer)	--- / --- / --- Himmel	acht Kombinationen von „Himmel" und einem weiteren Trigramm
			- - / --- / --- See	acht Kombinationen von „See" und einem weiteren Trigramm
	- - Erde	--- junges Yin (Abend) (Herbst)	--- / --- / - - Wind	acht Kombinationen von „Wind" und einem weiteren Trigramm
			- - / --- / - - Wasser	acht Kombinationen von „Wasser" und einem weiteren Trigramm
		- - altes Yin (Nacht) (Winter)	--- / - - / - - Berg	acht Kombinationen von „Berg" und einem weiteren Trigramm
			- - / - - / - - Erde	acht Kombinationen von „Erde" und einem weiteren Trigramm

Als Mandala sieht diese recht statische Struktur, in der das Leben jedoch ständig von einem Ort zu einem anderen Ort fließt, wie in der folgenden Graphik aus. Dabei stehen Gegensätze immer genau gegenüber wie z.B. „Himmel" und „Erde" oder

„Feuer" und „Wasser".

Die 64 Hexagramme im Außenkreis sind in der folgenden Mandala-Graphik nur als kleine Kästchen, aber ohne ihre Namen eingefügt worden.

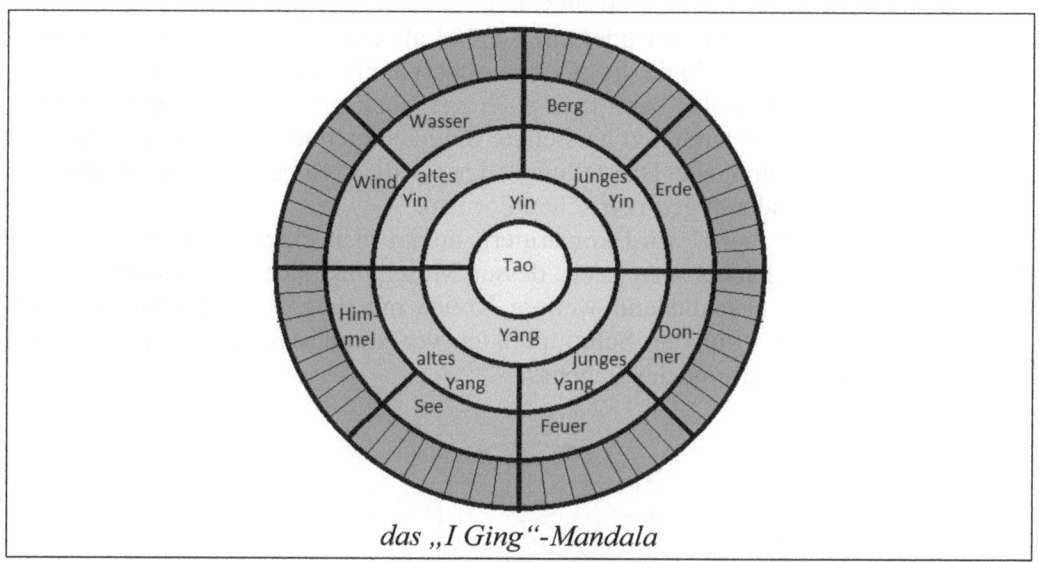

das „I Ging"-Mandala

Ein sehr ähnliches Mandala könnte man auch für das westafrikanische Ifa-Orakel, das ganz ähnlich wie das I Ging konstruiert ist, entwerfen.

III 21. Die „Blume des Lebens"

Dieses Mandala ist sozusagen ein „Kontinuum-Mandala", da es kein Zentrum hat und beliebig nach jeder Richtung ausgeweitet werden kann. Daher ist die „Blume des Lebens" eher ein Endlos-Muster oder ein Symbol als ein Mandala. Es stellt den 60°-Winkel dar, der in der Astrologie die „Gemeinschaft ähnlicher Elemente" darstellt.

Ähnliche Endlos-Mandalas kann man auch z.B. auch mit Hexagrammen (Bienen-waben), Dreiecken und Quadraten herstellen. Sie haben jedoch keine innere Struktur, sondern sind die „homogene Darstellung" der Qualität eines bestimmten Winkels oder evtl. auch von anderen geometrischen Formen.

Die „Blume des Lebens" wird konstruiert, indem man einen Kreis zeichnet und dann einen zweiten, gleichgroßen Kreis, dessen Mittelpunkt sich auf dem ersten Kreis befindet. Wenn man anschließend weitere Kreise mit demselben Radius zeichnet, deren Mittelpunkt stets auf den Schnittpunkten von mindestens zwei Kreisen liegt, ergibt sich daraus die „Blume des Lebens".

„Blume des Lebens"

III 22. Ein Orakel-Mandala

Eine mögliche Verwendung eines Mandalas ist das „Knochen-Orakel". Dabei benutzt man ein gutes Dutzend kleiner Gegenstände, die man im Laufe der Zeit in „auffälligen Situationen" gefunden hat. Das kann ein Zahn als Symbol für „Kraft" sein, ein Knochen für „Beständigkeit", eine Eichel für „Essenz", ein Bergkristall für „Klarheit", eine Feder für „Leichtigkeit", ein Goldnugget für „Seele", ein Stein mit einer Augen-ähnlichen Maserung für „Aufmerksamkeit", eine Münze für „Wohlstand", usw.

Von diesen Gegenständen, die z.B. in einem Beutel aufbewahrt werden können, nimmt man zufällig eine Handvoll heraus und läßt sie über ein Stück Stoff rollen, auf das man ein Mandala gemalt hat. Das kann z.B. das Mandala mit den vier Elementen und der Quintessenz sein. Die Lage der Gegenstände auf dem Mandala gibt dann die Antwort auf die gestellte Frage.

Wenn nun z.B. die Feder auf das Feld „Feuer" zu liegen kommt, fällt es dem Betreffenden leicht, seine Kraft einzusetzen. Wenn der Augen-ähnliche Stein auf dem Erd-Feld liegt, konzentriert man sich gerade auf Alltagsdinge wie z.B. das Geld-Verdienen.

Für solch ein Orakel sollte man ein Mandala verwenden, dessen Symbolik einem vertraut ist.

III 23. Symbole

In vielen Mandalas sind Symbole enthalten, die die einzelnen Bereiche des Mandalas kennzeichnen und beschreiben. Da diese Symbole oft aus anderen Kulturen stammen, ist es des öfteren notwendig, diese Symbol-Sprache zu ergründen, wenn man das Mandala verstehen will.

IV   Der Aufbau eines Mandalas

Der Aufbau eines Mandalas geschieht in mehreren Phasen, die alle verschiedene Funktionen haben.

IV 1.   Die Wahl des Mandalas

Der erste Schritt ist die Wahl des Mandalas, die von dem Ziel des Betreffenden oder der Gruppe abhängt, die ein Mandala erschaffen will.

Außer von dem Ziel hängt es natürlich auch von der Kultur der betreffenden Menschen ab: Tibeter werden ein Sandbild in einem Kloster anfertigen, Navahos ein Sandbild an einem heiligen Ort und in der Megalith-Kultur wären stehende Steine aufgerichtet worden.

Von der Wahl des Stiles, also der Kultur, hängt es auch ab, in welcher Weise das Mandala angefertigt wird: aus farbigem Sand, aus Steinen, vielleicht auch nur aus Bildern, die auf den Boden gelegten werden, oder aus einem Kreis von Statuetten.

Auch die Statuen der Heiligen auf den beiden Viertelkreisbögen am Petersplatz in Rom mit dem Obelisken im Zentrum sind ein Mandala – wenn auch ein Mandala, das auf eine sehr aufwendige Weise hergestellt worden ist.

IV 2.   Das Zeichnen des Mandalas

Als nächstes wird das Mandala entworfen – sofern es keine traditionelle Form hat, die jedesmal aufs Neue benutzt wird.

Dann wird der Grundriß des Mandalas auf die Erde, auf den Boden im Tempel usw. aufgezeichnet. Da die Mandalas in der Regel sehr symmetrisch sind, besteht diese Grundrißzeichnung vor allem aus konzentrischen Kreisen, Quadraten, Diagonalen u.ä. Es empfiehlt sich, bei der Grundrißzeichnung sehr sorgfältig zu sein, da das Mandala sonst schief wird und man es schließlich evtl. noch einmal neu beginnen muß – das gilt natürlich vor allem für die großen und komplexen Mandalas, also z.B. für die Mandalas aus Tibet.

IV 3. Das Ausmalen des Mandalas

Wenn ein bildhaftes Mandala hergestellt werden soll, folgt nun das Ausmalen der Skizze. Die Bilder in dem Mandala sind in aller Regel wie die Formen des Mandalas ebenfalls symmetrisch angeordnet – z.B. im äußeren Ring in jeder der vier Richtungen das Tier, daß zu dieser Richtung gehört – bei einem nordamerikanischen Schwitzhütten-Ritual also die Schlange im Westen, der Bär im Norden, der Adler im Osten und der Büffel im Süden. Bei einem abendländischen Mandala könnten dies die vier Erzengel sein: Raphael im Osten, Michael im Süden, Gabriel im Westen und Auriel im Norden.

In Bezug auf die physische Herstellung des Mandalas ist dies die aufwendigste Phase. Wenn das Mandala z.B. wie in Tibet üblich aus farbigem Sand hergestellt wird, und 3m Durchmesser hat, sind dies viele Tage Arbeit, in denen die geometrischen Flächen mit farbigem Sand bestreut werden und dann mit Ornamenten und Götterfiguren aus farbigem Sand gefüllt werden.

Es gibt natürlich auch deutlich einfachere Mandalas wie ein Kreis aus zehn Blättern Papier, auf denen die Symbole der zehn Planeten gemalt worden sind und die in dem Kreis so ausgelegt werden, daß sie dem Stand der Planeten in dem Horoskop des Menschen stehen, für den dieses „astrologische Mandala" angelegt wird.

Die aufwendigsten Mandalas überhaupt sind die als Mandala aufgebauten Tempel.

IV 4. Das Verstehen des Mandalas

Ein wichtiger Punkt, der spätestens an dieser Stelle berücksichtigt werden sollte, ist das Verstehen des Mandalas durch diejenigen, die an dem Mandala-Ritual teilnehmen wollen. Das Mandala wirkt zwar auch, wenn man es nicht versteht, aber im allgemeinen dürfte die Wirkung größer sein, wenn man versteht, was man warum macht.

Wie bei fast allen Dingen ersetzt das Verstehen jedoch nicht das Tun.

IV 5. Die erste Imagination des Mandalas

Wenn das Mandala fertig hergestellt worden ist, besteht der nächste Schritt darin, daß man es betrachtet und es sich dann mit geschlossenen Augen innerlich vorstellt. Dabei wird es für die meisten Menschen empfehlenswert sein, sich zuerst die Grobstruktur des Mandalas innerlich vorzustellen (Wieviele konzentrische Kreise?

Wieviele Richtungen?), dann die mittelgroßen Strukturen (Welche Wesen sind in dem Mandala abgebildet?) und schließlich die Feinheiten (Welche Farben haben die Ornamente an den Stadttoren?).

Es ist wichtig, daß das Mandala zu einem inneren Bild wird. Es sollte so lebendig werden, daß man in ihm innerlich umherlaufen kann – so ähnlich, wie man sich auch den Weg zu dem nächsten Supermarkt mit geschlossenen Augen innerlich deutlich vorstellen kann.

Es gibt auch Mandalas, die nur imaginiert werden und keine äußere Form haben. Das bekannteste Mandala dieser Art im westlichen Kulturkreis wird vermutlich das „Kleine Pentagramm-Ritual" sein. Es besteht aus einem Kreis, aus je einem Pentagramm in den vier Richtungen, die den vier Elementen entsprechen, je einem Erzengel in den vier Richtungen und einem Hexagramm über der Mitte, d.h., wenn man das Mandala zweidimensional betrachtet, in der Mitte.

Ein anderes, sehr schlichtes Mandala aus der Tradition des Golden Dawn ist die „Reise zum Sonnentempel". Dieses Mandala ist bereits beschrieben worden: Man geht in seiner Meditation durch eine Wüste, betritt eine Stadt und geht dann in den Tempel in der Mitte dieser Stadt, in dem man die eigene Seele und das eigene Krafttier ruft.

Das Imaginieren eines Mandalas erfordert eine häufige Wiederholung und Übung – es wird in der Regel eine Weile dauern, bis die Bilder wirklich lebendig werden und man in der imaginierten Mandala-Stadt z.B. Menschen begegnet, die einen freundlich grüßen.

IV 6. Das Füllen des Mandalas mit den Elementen der Welt

Dieser Schritt dient dazu, die universelle Bedeutung des Mandalas in sich lebendig werden zu lassen. Man schaut bei allen Dingen, die einem im Alltag begegnen, an welche Stelle sie in das Mandala gehören. Wenn man ein sehr einfaches Mandala benutzt, das nur aus dem Kreis der vier Elementen und der Quintessenz in der Mitte besteht, fragt man sich z.B. bei allen Dingen, zu welchem Element es gehört.

Bei einem so schlichten Mandala muß man natürlich schauen, was der Hauptaspekt einer Sache ist. Ein Ofen gehört z.B. vor allem zum Feuer, eine Badewanne zum Wasser, ein Staubsauger zur Luft, das Bett zur Erde und der Hausaltar zum Licht, also zur Quintessenz.

IV 7.   Das Füllen des Mandalas mit den Elementen der eigenen Psyche

Als nächstes wird dieses Zuordnen auch mit den eigenen inneren Elementen durchgeführt. So gehört z.B. Mut zum Feuer, Liebe zum Wasser, Wahrheit zur Luft, Gedeihen zur Erde und Identität zum Licht. Man kann auch einzelne Erlebnisse und Gefühle dem Mandala zuordnen.

Durch dieses Zuordnen erhält das Mandala Bedeutung und wird schließlich lebendig.

Je stärker das Mandalas im Außen und im Innen verankert ist, desto mehr Kraft und Tiefe erhalten die Bilder in diesem Mandala – und desto größer wird die Wirkung der Rituale sein, die man mit diesen Bildern durchführt.

Es folgen jedoch auch noch andere Methoden, durch die das Mandala lebendig wird.

IV 8.   Die zweite Imagination des Mandalas

Wenn die einzelnen Teile des schlichten oder komplexen Mandalas durch die Zuordnungen eine tiefere Bedeutung und eine Verankerung im Außen und im Innen erhalten haben, wird die Imagination des Mandalas einfacher und lebendiger werden und zunehmend auch mehr Details erhalten.

Möglicherweise tritt jetzt auch der Effekt auf, daß man nicht nur Bilder imaginiert, sondern daß einem während des Imaginierens Bilder erscheinen, die man nicht imaginiert hat – ein Detail, eine Farbe, ein Mensch auf den Straßen der imaginierten Stadt, ein Baum usw. Diese Wahrnehmungen und Bilder sollte man in das Mandala aufnehmen, wenn sie im Einklang mit seiner Struktur stehen, was jedoch in aller Regel der Fall sein wird.

Wenn ein paarmal solche Bilder „aus dem Mandala heraus" erschienen sind, wird man ein anderes Gefühl zu dem Mandala erhalten: Es beginnt lebendig zu werden und eine Eigendynamik zu erhalten es wird zu einem Gegenüber.

Das Gehen der Wege durch das Mandala wird dann nach und nach genauso „echt" und voll von unvorhersehbaren Dingen wie der Weg zum nächsten Postamt, bei dem man auch nicht schon vorher weiß, wem man evtl. begegnen wird.

IV 9. Die Traumreisen in das Mandala

Der nächste Schritt besteht aus den Traumreisen zu den einzelnen Aspekten des Mandalas.

Wenn man z.B. das Leiten von Schwitzhütten lernen will, ist es ausgesprochen sinnvoll, sich einige Tage Zeit zu nehmen, evtl. zu fasten und an jedem Tag eine Traumreise in einen Aspekt des Schwitzhütten-Mandalas zu unternehmen: zu der Schlange Sintela im Westen, zu dem Großen Bären Mahto im Norden, zu dem Adler Wambli im Osten, zu der Weißen Büffelfrau Pte-san-win im Süden, zu Großvater Sonne Tunkashila oben im Himmel, zu Großmutter Erde Unki Maka unten und zu dem Großen Geheimnis Wakan tanka im Zentrum.

Das Schwitzhütten-Mandala ist dreidimensional – in den alten Kulturen gibt es wie auch hier meistens sieben Richtungen: die vier Himmelsrichtungen, das Oben, das Unten und die Mitte.

Diese Traumreisen kann man verschieden ausführlich durchführen – einmal in jede Richtung oder zu jedem Detail des Mandalas.

Durch die Begegnungen, die man auf diesen Traumreisen haben wird, durch die Gespräche, die man mit den Wesen dort führt, oder durch die Gaben, die man von ihnen erhält, durch den Rat oder die Heilungen, die man dort finden kann, verändert sich das Mandala noch einmal grundlegend: Es wird von einem Konzept zu etwas Lebendigem, das man selbstverständlich im Alltag benutzt.

Wenn man erlebt hat, daß die Schlange weiß, wie man die Kundalini erwecken kann, daß der Große Bär einem helfen kann, standfest und streßfest zu werden, daß der Adler neue Wege finden kann, daß die Weiße Büffelfrau Einsamkeit auflösen kann, daß Großvater Sonne weiß, wie man Verantwortung tragen kann, daß Großmutter Erde einem das Vertrauen wiedergeben kann, und daß das Große Geheimnis einen lebendiger werden lassen kann – dann wird man, wenn man ein Problem hat, sich ohne erst lange nachzudenken an sie wenden und dort Rat und Hilfe erhalten.

Wenn man solche Traumreisen durchgeführt hat, wird man den Kontakt zu den Wesen des Mandalas, zu den Erzengeln, zu den Gottheiten, den Buddhas, den Tieren usw. erhalten – und das wird ein lebendiger Kontakt werden, der das eigene Leben leichter werden läßt.

Dies ist ein wichtiger Schritt beim Aufbau eines Mandalas – erst durch die Traumreisen wird das Mandala wirklich lebendig.

IV 10. Der Weg in das Mandala

Der Weg in das Mandala hinein ist das wichtigste Element des Mandalas – schließlich ist das Mandala ein Lageplan des „Inneren der Welt", der dazu dient, in das Zentrum der Welt zu gelangen – in das „Herz des Lebens".

Die einfachsten Mandalas bestehen nur aus diesem Weg: eine Spirale, in der man von außen nach innen gehen kann. Die Spiralen, die im Uhrzeigersinn nach innen führen, sind konzentrierend; die Spiralen, die im Uhrzeigersinn nach außen führen, sind schöpferisch. Dieser Weg nach innen und zurück ist der Weg, den der Schamane bei der Jenseitsreise geht.

Diese Spiralen-Jenseitsreise wird heute vor allem noch in den Waldorfkindergärten in der Adventszeit als „Adventsgärtlein" durchgeführt. Dabei wird die Spirale mit Tannenzweigen und Teelichtern auf dem Boden ausgelegt – die Kinder gehen dann einzeln zu dem Gesang der anderen Kinder in diese Spirale hinein zur Mitte (von wo sie z.B. einen Apfel mitnehmen können) und dann wieder hinaus.

Eine etwas komplexere Variante der Jenseitsweg-Spirale ist das Labyrinth. Ursprünglich war dies ein einziger Weg wie bei der Spirale, der sich jedoch bei dem Labyrinth auf seinem Weg zur Mitte hin- und herwindet. Diese Form des Labyrinths stammt aus der Jungsteinzeit und findet sich z.B. auf dem Fußboden der Kathedrale von Chartre.

Die Labyrinthe mit in die Irre führenden Abzweigungen sind eine neuere Version, die die Schwierigkeit veranschaulichen soll, in das Jenseits und wieder zurück zu gelangen.

In den meisten Mandalas finden sich jedoch vier Wege, die geradeaus von dem Rand des Mandalas zur Mitte des Mandalas führen. Auch sie sind Jenseitswege – vier Varianten, die den vier Qualitäten der vier Richtungen entsprechen. Ursprünglich werden diese vierteiligen Mandalas jedoch anders aufgefaßt worden sein, da die vier Richtungen die Phasen des Sonnenlaufs darstellen:

die vier Richtungen			
Richtung	*Sonne*	*Mensch*	*Weg*
Osten	Sonnenaufgang	Geburt	der Weg aus dem Jenseits ins Diesseits
Süden	Tag	Leben	der Weg im Diesseits
Westen	Sonnenuntergang	Sterben	der Weg vom Diesseits ins Jenseits
Norden	Nacht	Tod	der Weg im Jenseits

Aus diesem Darstellung des Zyklus ist dann nach und nach der vierfache Weg zur

Mitte geworden, der u.a. mit den vier Elementen verbunden worden ist. Aus dem dynamischen Kreis wurde der statische Kreuz-Kreis. Dieser Kreuz-Kreis ($\oplus$) ist in vielen Kulturen ein Sonnensymbol – wobei die Sonne sowohl das Symbol für den kreisförmige Zyklus als auch für die Mitte ist.

In der Mandala-Traumreise geht man nun diese Wege zur Mitte (und evtl. auch real im Tempel) und schaut, was man auf ihnen erlebt. Die Erlebnisse werden dabei anfangs wahrscheinlich noch eher unscheinbar sein, aber sie werden im Laufe der Zeit an Intensität gewinnen.

IV 11. Die Hüter der Stadttore

Ein interessantes Phänomen sind die „Hüter der Stadttore". Wenn das Mandala als Stadt aufgefaßt und imaginiert wird, gibt es auf den vier Wegen vom Rand zur Mitte hin Tore zwischen den einzelnen Kreisringen. Diese Tore entsprechen verschiedenen Aspekten der Welt bzw. des Menschen.

Wenn man ein Mandala aus einem Kreis und vier Kreisringen benutzt, die in die vier Richtungen aufgeteilt sind, gibt es auf jedem der vier Wege fünf Tore – insgesamt sind es also zwanzig Tore.

1. Die vier Tore zu dem äußeren Kreisring: *der Eingang*

Die Wächter in diesen vier Toren sind recht harmlos, da sie lediglich den Entschluß fordern, sich auf das Mandala zu konzentrieren, da der äußere Kreisring die materielle Welt und der eigene Körper ist.

2. Die vier Tore zu dem zweitäußeren Kreisring: *die Schwelle*

Der zweite Kreisring ist die Psyche. Um ihn betreten zu können, braucht es zum einen Konzentration, dann das Schauen nach innen und drittens die Bereitschaft, auch Unbekanntes oder Ungeliebtes in sich selber und in der Welt anzuschauen. Falls man große Ängste oder Süchte in sich trägt, könnte es sein, daß man an diesen Toren schon etwas davon erlebt – dann wären die Wächter an diesen Toren schon etwas unangenehmer.

3. Die vier Tore zu dem drittäußeren Kreisring: *der Graben*

Der dritte Kreisring von außen her gesehen ist der Bereich der Seele. Wenn man diesen Bereich betreten will, kann es daher geschehen, daß man dem Teil der eigenen Psyche begegnet, den C.G. Jung den „Schatten" nennt, also dem verdrängten Teil der eigenen Psyche. Evtl. begegnet man hier auch den Aspekten der Welt, die man fürchtet.

Man kann an diesen Toren folglich den Dingen begegnen, die normalerweise für die eigene Wahrnehmung schwer zugänglich sind, weil man sie fürchtet. Diese Aspekte des eigenen Wesens bzw. der Welt können einem an den vier Toren, die in den Kreisring der Seele führen, begegnen – aber das muß nicht notwendigerweise geschehen.

Wenn man ein Mandala benutzt, das in die vier Elemente gegliedert ist, könnten die Wächter an den Toren zu dem Kreisring der Seele z.B. die folgenden Gestalten annehmen:

- Wenn man dazu neigt, die eigenen Aggressionen zu verdrängen, könnte man an dem Tor zu dem Kreisring der Psyche ein „aggressives Monster" treffen – wahrscheinlich auf dem Weg des Feuers im Süden, falls man ein Elemente-Mandala benutzt.

- Im Osten auf dem Luft-Weg könnte man an der Schwelle in die Psyche den „Geist der Lügen" treffen, der einen in die Irre führt – wenn man oft Angst hat, die Wahrheit zu sagen.

- Falls man von Verlassenheitsängsten gequält wird, könnte man an der Schwelle zur Psyche im Westen auf dem Wasserweg das „einsame Kind" treffen.

- Auf dem Erd-Weg im Norden könnte man evtl. dem „Hungerleider" begegnen, falls man oft von Existenzängsten geqäult wird.

4. Die vier Tore zu dem innersten Kreisring: *der Abgrund*

Der innerste Kreisring ist bei dem hier betrachteten Mandala der Bereich der Gottheiten. Da eine Gottheit zwar eine klar konturierte Qualität hat, aber abgrenzungslos („unendlich") ist, wird man an diesen vier Toren mit dem Loslassen aller Abgrenzungen konfrontiert. Dies kann man evtl. als einen Sprung in einen bodenlosen Abgrund erleben oder als ein Wandern auf einem Waldweg, der sich auf einmal in die Dunkelheit zwischen den Sternen auflöst.

Dieser Bereich entspricht den vier grenzenlosen Eigenschaften, die Buddha zufolge einen Erleuchteter kennzeichnen: grenzenloser Gleichmut, grenzenloses Mitgefühl, grenzenlose Liebe und grenzenlose Freude. Wenn man mit Freude alles loslassen kann, ist dieser Übergang kein Problem – wenn man jedoch noch irgendetwas festhält oder fernhält, kann dieser Übergang schwierig werden. Dann erlebt man diese vier grenzenlosen Zutände als das, was im tibetischen Buddhismus die „rasenden und bluttrinkenden Gottheiten" genannt wird.

Wenn man nicht in der Lage ist, alles, was es in der Welt gibt (den innersten Kreisring), willkommen zu heißen, dann wird man sich, wenn man die Schwelle zu diesem Kreisring überschreitet, mit den Dingen konfrontiert sein, die man nicht haben will – das kann unter Umständen heftig werden.

Aus diesem Grund wird es immer wieder empfohlen, den Weg in das Innere der Welt schrittweise zu gehen und nicht einfach loszupreschen. Andererseits ist es aber auch keine Katastrophe, wenn man an dieser Schwelle ein solches erschreckendes Erlebnis hat – man weiß dann, was einen erwartet und man kann sich darauf vorbereiten, indem man sich mit dem anfreundet, was man gefürchtet hat, und indem man das losläßt, wonach man sich gesehnt hat.

Möglicherweise klingt das jetzt ein wenig destruktiv oder selbstquälerisch, aber das ist hier nicht gemeint – die Annäherung an diesen Übergang ist im Gegenteil eine sehr gründliche Form der Heilung. Diese besteht darin, daß man die Welt und sich selber sieht, wie sie ist – und dann schaut, was man tut. Man hört auf, die Augen vor der Wirklichkeit zu verschließen – und kann dann mit einem größeren Realitätskontakt die eigenen Ziele besser erreichen (und evtl. auch verwandeln).

Wenn man sich diesen vier Toren zu dem Kreisring der Gottheiten annähert und dabei sehr gründlich ist, wird die Welt allmählich durchsichtig: Man kann alles sehen, wohin man auch schaut. Das schließt sowohl ferne Orte als auch die Vergangenheit und die Zukunft mit ein. Man gelangt kurz vor diesen vier Toren sozusagen in das Archiv der Welt. Das bedeutet auch, daß man hier alle seine früheren Inkarnationen sehen kann – und, wenn man will, auch die eigene Zukunft einschließlich des eigenen Todes. Das geschieht jedoch nur dann, wenn man die Meditationen, Traumreisen und Rituale dieses Mandalas wirklich sehr gründlich durchführt.

Diese „Durchsichtigkeit" ist die Vorstufe zu der „Grenzauflösung" beim Sprung in den bodenlosen Abgrund.

5. Die vier Tore zu dem Kreis im Zentrum: *die Formauflösung*

Bei dem Übergang zur Einheit kann man Erlebnisse haben, die ziemlich weit außerhalb der normalen Erfahrungen liegen. Sie sind alle die Rückkehr zur Einheit und lösen daher jegliche Unterscheidung auf.

Die Mitte ist einfach gleißend weißes Licht.

- - -

Diese fünf Übergängen mit den jeweils vier Toren auf ihnen sind hier mit den intensiveren Erlebnissen an diesen Toren geschildert worden, um die mögliche Tiefe der Erfahrungen in einem Mandala zu schildern.

Die Intensität der Erlebnisse in einem Mandala hängt jedoch von vielen Dingen ab: von der eigenen Motivation, von der Intensität der Imaginationen, von dem eigenen Charakter (Temperament, Horoskop), von der eigenen Biographie (verdrängte Ängste und Süchte, Traumata), den bisherigen magisch-spirituellen Erfahrungen, den Menschen, mit denen man evtl. die Mandala-Meditationen und Mandala-Rituale zusammen durchführt usw.

Manchmal kommt es auch vor, daß man einmal sehr weit in Richtung Mitte gelangt und z.B. eine Visionen der eigene Seele hat, aber dann eine längere Durststrecke kommt, in der man erst einmal wieder das Erlebte integrieren und einfach weiterüben muß.

Es kann aber genausogut auch geschehen, daß man einfach in kleinen Häppchen immer neue Erlebnisse hat und es keinerlei dramatische Dynamik gibt.

Manchmal kann man auch ohne die bewußte Auseinandersetzung mit den Hütern der Schwelle recht weit kommen und trifft sie erst später ... es gibt viele Möglichkeiten, wie diese „Reise zur Mitte" ablaufen kann.

IV 12. Die Bereiche in den Kreisringen

Bei dem hier benutzten Beispiel eines Mandalas, das aus vier Kreisringen und einem Zentrum besteht, kann es geschehen, daß man bei dem Weg durch einen der Kreisringe feststellt, daß dieser noch einmal unterteilt ist, wobei diese Unterbereiche nur durch kleinere Tore, Schwellen, Stufen u.ä. voneinander getrennt sind.

Diese Unterbereiche entsprechen u.a. den Sephirah aus dem kabbalistischen Lebensbaum:

äußerer Kreisring: Körper

zweitäußerer Kreisring: Psyche
- *die eigene Lebenskraft*: Hier kann man dem eigenen Krafttier, der eigenen Kraftpflanze und dem eigenen Kraftstein begegnen.
- *das eigene Denken*: Hier kann man evtl. mehr Klarheit finden.
- *das eigene Fühlen*: Hier kann man neue Kraft und Lebensfreude finden.

<u>drittäußerer Kreisring: Seele</u>

- *die eigene Seele*: Hier kann man der eigenen Seele, d.h. genau genommen dem Teil der eigenen Seele, der sich derzeitig in einem selber inkarniert hat, begegnen. Solange man die eigene Seele nicht als die eigene Mitte erkannt hat, erscheint sie einem im Außen als „Schutzgeist" oder „Schutzengel".

- *das eigene Karma*: Hier kann man den Gründen begegnen, die zu der derzeitigen eigenen Inkarnation geführt haben.

- *die eigenen Inkarnationen*: Hier kann man dem Kreis der eigenen früheren Inkarnationen begegnen sowie dem „Licht", das sich in allen diesen Menschen, als die man früher einmal gelebt hat, inkarniert hat. Hier ist das „Archiv der eigenen Inkarnationen", in dem man sich, wenn man will, auch den Rest des eigenen Lebens anschauen kann, so wie die eigenen Seele ihn geplant und erschaffen hat.

<u>innerer Kreisring: Gottheiten</u>

- *die eigene Schutzgottheit*: Hier kann man der Gottheit begegnen, von der die eigene Seele ein Teil ist – die Seele ist sozusagen ein Tropfen von dem Meer dieser Gottheit. Daher ist diese Gottheit die eigene „Schutzgottheit".

- *die Gemeinschaft*: Hier kann man sich selber bzw. die eigene Gottheit als Teil des Ganzen erleben – als Zelle eines großen Organismus.

- *der Lichtsturm*: Hier erlebt man die eigene Essenz in ihrer vollkommen ungehinderten Ausdehnung und in ihrem vollkommen ungehinderten Selbstausdruck.

<u>innerer Kreis: Gott</u>

Diese weitere Differenzierung soll vor allem zwei Dinge veranschaulichen: Zum einen den möglichen Reichtum an inneren Erlebnissen, die man in einem Mandala haben kann, und zum anderen die Art und Weise, in der sich ein Mandala durch die eigenen Erlebnisse immer weiter differenzieren kann.

Diese Differenzierung insbesondere der Kreisringe des Mandalas läßt sich anhand einer Übersicht am anschaulichsten darstellen:

Die fortschreitende Differenzierung eines Mandalas				
1. Stufe	*2. Stufe*	*3. Stufe*	*4. Stufe*	*Lebensbaum*
Leben	Welt/Körper	Welt/Körper	Welt/Körper	Malkuth
	Weg	Psyche	Lebenskraft	Yesod
			Denken	Hod
			Fühlen	Netzach
		Seele	Seele	Tiphareth
			Karma	Geburah
			Seelen-Archiv	Chesed
		Gottheiten	Schutzgottheit	Da'ath
			Gemeinschaft	Binah
			Lichtsturm	Chokmah
	Gott	Gott	Gott	Kether

Auf dem Lebensbaum finden sich auch die meisten der Tore in diesem Mandala:

- Das Tor zwischen dem Körper-Kreisring und dem Psyche-Kreisring wird „Schwelle" genannt.

- Das Tor zwischen dem Psyche-Kreisring und dem Seele-Kreisring wird „Graben" genannt.

- Das Tor zwischen dem Seele-Kreisring und dem Gottheiten-Kreisring wird „Abgrund" genannt.

- Das Tor zwischen dem Gottheiten-Kreisring und dem Gott-Kreis könnte „Formauflösung" genannt werden.

Diese Betrachtungen zeigen u.a., daß man, wenn man ein Mandala benutzt, auch darauf achten sollte, daß man richtigen Differenzierungsgrad verwendet. So wird es am Anfang sinnvoll sein, lediglich einen Kreis und vier Kreisringe zu benutzten, da der Meditierende sonst überfordert sein könnte. Die Differenzierung der drei inneren Kreisringe in jeweils drei weitere Unterbereiche kann dann später hinzukommen, wenn man schon mit dem Mandala vertraut geworden ist.

Weiterhin zeigt sich hier, daß ein Mandala, das ja ein konzentrische Struktur ist, trotzdem dieselbe Grundaussage haben kann wie z.B. der Lebensbaum, da ja einen

Weg darstellt. Die Grundidee ist bei beiden dieselbe: der Weg von außen nach innen. Dieser Weg findet sich auch im Yoga als die Folge der verschiedenen Yoga-Formen vom Hatha-Yoga bis zum Raja-Yoga, im Buddhismus als Stufenweg („Lamrim"), im Sufismus als Rosenweg usw.

IV 13. Die Invokation der Mandala-Gottheiten

Ein Mandala kann auf zwei Arten betrachtet werden:

> - zum einen als der Weg vom eigenen Körper (außen) zu Gott (innen): der eigene „Erleuchtungsweg";

> - zum anderen als verschiedene Betrachtungsweisen der Welt: von der Vielheit außen zur Einheit innen.

Im ersten Fall zeigt die Wanderung in dem Mandala vor allem die eigene Entwicklung und die eigene „Nabelschnur zu Gott", also das, was „Religion" eigentlich bedeutet: „Wiederanbindung" („re-ligio"). In diesem Fall finden sich die Gottheiten nur in dem innersten Kreisring – erst dort begegnet man ihnen auf der eigenen Wanderung zur Mitte.

Im zweiten Fall zeigt das Mandala die verschiedenen Bereiche der Welt und die verschiedenen Blickweisen, in der sie betrachtet werden kann. In diesem Fall ist das gesamte Mandala ein Urbild der Welt, weshalb dann auch in allen Bereichen Gottheiten zu finden sind – in dem Kreisring der Psyche z.B. die Gottheiten der Lebenskraft (Isis, Freya, Pte-san-win usw.), die Gottheiten des Verstandes (Thot, Hermes, Merkur usw.) und die Gottheiten der Gefühle (Aphrodite, Venus, Lofn usw.). Auch an den Toren finden sich Gottheiten als Hüter der Schwelle (Janus, Loki, Teufel usw.).

Egal, welche der beiden möglichen Versionen eines Mandalas man benutzt, ist es sinnvoll, nach einer Weile auch Traumreisen zu den Gottheiten in dem Mandala zu unternehmen. Dabei sollte man die Gottheiten fragen, was sie einem sagen oder zeigen möchten, was es Wichtiges für einen selber zu entdecken gibt, oder ob sie das Mandala noch durch etwas ergänzen wollen.

Die intensivste Form des Kontaktes zu einer Gottheit ist die Invokation. Eine solche Invokation ist ein „Hereinrufen" („in-vokare") einer Gottheit in sich selber. Dafür gibt es zwei grundlegende Varianten:

<u>Ritual</u>: Man steht im Raum und stellt sich die Gottheit vor sich in ein paar Metern Abstand vor.

- Dann beginnt man sie zu beschreiben: „Sie ist …"
- Als nächstes spricht man die Gottheit direkt an und fühlt sie: „Du bist …"
- Dann bewegt man sich auf sie zu oder ruft sie zu sich her und vereint ihre Gestalt mit der eigenen: „Ich bin …"
- Evtl. folgt dann noch eine Handlung, die man als diese Gottheit durchführt, d.h. eine Heilung, ein Wunsch o.ä.: „Ich tue …"

<u>Traumreise</u>: Bei dieser Variante unternimmt man eine Traumreise zu der Gottheit und sieht sie dann innerlich. Die Traumreise tritt hier an die Stelle der Beschreibung und des Ansprechens der Gottheit bei der vorigen Methode. Dann fragt man die Gottheit, ob man mit dem eigenen Bewußtsein in sie hineinwechseln darf. Falls ja, tut man das.

Auch solche Invokationen können eine sehr verschiedene Intensität haben. Dies kann von einem vagen Gefühl für die Gottheit über intensive Gefühle bis hin zu der Vision der Gottheit im Zimmer vor einem reichen.

Der wesentliche Punkt ist letztlich die Frage, was diese Gottheit einem zeigen kann, welchen Teil an einem selber sie heilen kann und wie sie das eigene Leben bereichern und glücklicher machen kann. Das ist natürlich wieder bei jedem sehr verschieden …

Man kann die Stufen der Invokation auch den Kreisringen des Mandalas zuordnen:

die Stufen der Invokation im Mandala			
Mandala	*Mensch*	*Kontakt*	*Invokation*
äußerer Kreisring	Körper	Distanziertheit	„Sie ist …"
zweitäußerer Kreisring	Psyche	Gegenüber	„Du bist …"
drittäußerer Kreisring	Seele	Identität	„Ich bin …"
innerer Kreisring	Gottheiten	Handeln	„Ich tue …"
Mitte	Gott	-	-

IV 14. Die dritte Imagination des Mandalas

Durch die verschiedenen Betrachtungen, Imaginationen, Traumreisen und Invokationen ist das Mandala in zwischen komplexer und lebendiger geworden. Wenn man nun das Mandala imaginiert, wird es vermutlich schon recht eigenständig und stabil geworden sein, d.h. die inneren Bilder beginnen farbig zu sein, von innen her zu leuchten, es treten selbständig handelnde Wesen in dem Mandala auf, man erhält von ihnen Rat und Hilfe usw.

Spätestens zu diesem Zeitpunkt wird das Mandala zu einem „Alltags-Werkzeug": Wenn man bei einem bestimmten Thema Rat und Hilfe braucht, wird man sich an das Mandala, d.h. an ein bestimmtes Wesen in dem Mandala wenden und es um Hilfe bitten – das, was funktioniert, macht man einfach deshalb, weil es funktioniert. Wenn man z.B. knapp bei Kasse ist, wird man zu dem Erd-Weg in das Mandala gehen und eines der Wesen dort um Unterstützung bitten – die dann auch kommen wird.

Auch die Stufen, in denen sich die Imaginationen entwickeln, kann man den Kreisringen des Mandalas zuordnen. In der folgenden Übersicht sind auch die Übergänge zwischen den Kreisringen (die Tore, wenn man das Mandala als Stadt imaginiert hat) mit aufgeführt, da es an ihnen teilweise recht markante Wahrnehmungen gibt.

die Arten der Imagination im Mandala		
Mandala	*Mensch*	*Wahrnehmung*
äußerer Kreisring	Körper	Bild im Außen
Schwelle		*Unsicherheit*
zweitäußerer Kreisring	Psyche	farblose Schemen, diffuse Lichtquelle
Graben		*von innen her leuchten, extrem scharfe Konturen, sich ständig verwandelnde Formen*
drittäußerer Kreisring	Seele	von innen her leuchtende Symbole, Standbilder, kaum Bewegungen
Abgrund		*Loslassen*
innerer Kreisring	Gottheiten	hell leuchtende Gestalten in hellem Licht
Formauflösung		*Tor zum Licht*
Mitte	Gott	gleißend weißes Licht

IV 15. Das Mandala-Ritual

Das Ritual des Mandalas hängt in hohem Maße von dem Thema des Mandalas ab. Wenn es z.B. in den vier Himmelsrichtungen den Getreidegott, die Erdgöttin, den Regengott und den Windgott zeigt, dann wird das Mandala offensichtlich für die Steigerung der Ernteerträge benutzt. Das zu diesem Mandala gehörende Ritual ist dann ein Fruchtbarkeitszauber.

Ein Mandala mit den vier Winden wird offensichtlich für Windzauber verwendet und evtl. auch für Regenzauber.

Das Beziehungs-Mandala ist hingegen sehr persönlich und dient dazu, die eigenen Beziehungen angenehmer zu machen, indem man das eigene innere Männerbild und das eigene innere Frauenbild heilt. Das Ritual ergibt sich hier aus der Heilung dieser beiden inneren Bilder.

Aus dem typische Mandala, das den Weg von Außen nach Innen, von der Vielheit zur Einheit darstellt, ergeben sich Weg- und Übergangs-Rituale. Dies sind die große Zahl an Einweihungs-Ritualen, von denen die Zeremonien des Golden Dawn derzeit vermutlich am bekanntesten sind. Es gibt jedoch in fast jedem Magier-Orden, in jedem Hexen-Kreis, in jeder Freimaurer-Loge und bei vielen Naturvölkern solche Übergangs-Rituale.

Hier muß jeder für sich selber schauen, ob er Rituale oder Gruppen findet, deren Stil ihm zusagt. An sich sind keine komplexen, formalen Rituale notwendig, aber sie können durchaus eine große Wirkung haben – wenn man sie entweder alleine mit großer Intensität durchführt oder wenn sie von Menschen geleitet werden, die selber viele magisch-spirituellen Erfahrungen gehabt haben. Wenn man solche erfahrenen Menschen findet, kann die Zusammenarbeit mit ihnen durchaus eine große Hilfe sein.

Es ist aber auch möglich, ohne Rituale den Weg zur Mitte zu wandern – dann übernehmen die Erlebnisse auf den Traumreisen die Funktion, die sonst die Rituale haben: die eigene Heilung und Verwandlung.

Wenn man Erfahrungen mit Familienaufstellungen hat, kann man das Mandala mit bunten Fäden o.ä. auf dem Fußboden markieren und dann konkret von außen nach innen gehen und jedesmal mit dem Ort in dem Mandala sprechen, in die Qualität dieses Mandala-Aspektes hineinfühlen usw.

Der wichtige Punkt ist, daß man anfangen sollte – aber nur mit einem Mandala, das ein wesentliches Anliegen von einem selber ausdrückt, da sonst die echte, intensive Motivation fehlt, die schließlich die Grundlage allen Handelns sein sollte. Wenn man begonnen hat, das Mandala zu entwerfen, zu malen o.ä. und dann die ersten Imaginationen und Traumreisen durchgeführt hat, wird sich von selber eine Dynamik ergeben, die einen weiter in die Richtung der Mitte des Mandalas führt.

Evtl. taucht in den Traumreisen sogar eine Gestalt auf, die einen durch das Mandala führt …

IV 16. Die Verwandlungen an den Toren

Die Tore sind die Übergänge auf dem Weg zur Mitte, wenn man von einem Kreisring aus in den nächsten Kreisring gelangen will. Dies sind die eigentlichen, wichtigen Schritte auf diesem Weg. An diesen Toren integriert man etwas, läßt man etwas los, heilt man etwas, ist man mutig usw. Das bedeutet, daß an diesen Toren die eigentlichen Verwandlungen stattfinden.

Dort kann man den Hütern der Schwelle begegnen, die die eigenen Ängste, Süchte und Zweifel verkörpern – hier gibt es eine große Vielfalt an möglichen Bildern, die an diesen Toren als Monster erscheinen können. Die Annäherung an diese Monster, der Kontakt mit ihnen, ihr Kennenlernen ist das, was letztlich die Heilung bringt.

Das, was gebraucht wird, um solch ein Monster, also solches ein Angst- oder Suchtbild zu etwas anderem zu verwandeln, ist recht einfach: schauen, fühlen, umarmen.

- Durch das Innehalten und Schauen auf das Monster beginnt man das, was einem als Monster erscheint, zu verstehen, man begreift, wo es herkommt, was es will, welchen Charakter es hat.

- Durch die Hinwendung zu dem Monster und durch das Fühlen, was es ist, verbindet man sich ihm, man begreift sein Inneres und somit auch das eigene Innere und erkennt sein Wesen und seine innere Not.

- Durch das sich-Öffnen und das Umarmen des Monsters nimmt man das Monster wieder in sich auf und kann es dadurch bewußt integrieren.

Das eigentliche Problem sind nicht die Erlebnisse während dieser Integration, sondern die Angst vor dem Monster selber – also die „Angst vor der Angst". Dies ist einer der Vorgänge, die man nur schwer mit Worten anschaulich erklären kann – man muß es letztlich ausprobieren und erleben.

 Möglicherweise kann man an dieser Stelle auch eine Familienaufstellung zuhilfe nehmen, durch die man das Monster und das mit ihm verbundene Thema aufstellt. Dadurch kann man es besser begreifen und evtl. auch schon heilen.

An den Toren werden auch neue Fähigkeiten erworben, die dem Kreisring-Bereich entsprechen, den man neu betreten will:

- das Tor zu dem Körper-Kreisring: die Fähigkeit, im Hier und jetzt präsent zu sein

- das Tor zwischen dem Körper-Kreisring und dem Psyche-Kreisring: die Traumreise

- das Tor zwischen dem Psyche-Kreisring und dem Seele-Kreisring: die innere Stille (nur noch das Bewußtsein, das sich seiner selber gewahr ist)

- das Tor zwischen dem Seele-Kreisring und dem Gottheiten-Kreisring: das Loslassen jeglicher Abgrenzung und das Ruhen der eigenen Individualität in der eigenen Qualität

- das Tor zwischen dem Gottheiten-Kreisring und dem Gott-Kreis: das Loslassen jeglicher Trennung

IV 17. Die Verwandlungen in den Kreisringen

Auch in den Kreisringen selber finden Verwandlungen statt, die jedoch einen ganz anderen Charakter haben als die Verwandlungen an den Toren zwischen den Kreisringen.

Bei einem Mandala, dessen vier Seiten den vier Elementen entsprechen, geht man bei verschiedenen Traumreisen auf verschiedenen Wegen zur Mitte. Dabei erlebt man die vier Elemente auf verschiedenen Ebenen (Kreisringe).

- Kreisring des Körpers: konkrete Erde, Wasser, Luft und Feuer

- Kreisring der Psyche: das Feuer der Kraft, das Wasser der Liebe, die Luft der Wahrheit und die Erde des Gedeihens

- Kreisring der Seele: das Feuer der Verwandlungen, das Wasser der Verbundenheit, die Luft der Bewegung, die Erde der Beständigkeit

- Kreisring der Gottheiten: Raphael, der Erzengel der Luft; Michael, der Erzengel des Feuers; Gabriel, der Erzengel des Wassers; und Auriel, der Erzengel der Erde

- der Gott-Kreis: Einheit

In den vier Kreisringen gibt es jeweils eine Aufteilung in vier Viertel, die den vier Elementen entsprechen. In jedem dieser Kreisringe ist es sinnvoll und hilfreich, sich die Zusammenhänge zwischen diesen vier Bereichen anzuschauen.

Im Bereich des Körpers kann man z.B. schauen, wo Feuer auf Erde einwirkt (Schmieden), wo Feuer auf Wasser einwirkt (Kochen), wo Wasser auf Erde einwirkt (Blumen gießen) usw.

Solche Betrachtungen kann man in jedem der vier Kreisringe durchführen.

Die vier Wege existieren nicht getrennt voneinander, sondern sind Aspekte desselben Weges von Außen nach Innen.

Von diesen vier Wegen wird man sich in der Regel zunächst den auswählen, der einem am vertrautesten ist – tendenziell wählen Widder, Löwe und Schütze den Feuer-Weg; Krebs, Skorpion und Fische den Wasser-Weg; Waage, Wassermann und Zwillinge den Luft-Weg; und Steinbock, Stier und Jungfrau den Erde-Weg.

Es ist jedoch notwendig, den bevorzugten Weg durch die drei anderen Wege zu ergänzen, um die eigenen Einseitigkeiten aufzulösen. Oftmals findet man auf dem Weg, den man am wenigsten mag, die größten Schätze – das, was man nicht mag, ist etwas Verdrängtes, das sich nach Re-Integration sehnt …

IV 18. Die Vereinigung der Wege

Wenn man im innersten Kreisring angekommen ist und in den Kreis in der Mitte gelangen will, muß man die vier Wege miteinander vereinigen – wie sonst soll die Einheit im Zentrum erreicht werden können?

Dafür ist es zunächst einmal notwendig, daß man die Eigenschaften der vier Wege durch Betrachtungen, Traumreisen, Invokationen usw. erkannt hat.

Als nächstes ist es notwendig, diese vier Qualitäten als Farben in einem Kontinuum zu erkennen, als Klänge in einer Melodie, als Phasen einer Verwandlung. Dafür ist es förderlich, diese vier Qualitäten in der eigenen Vorstellung ineinander zu verwandeln: Feuer wird Wasser, Feuer wird Luft, Feuer wird Erde, Wasser wird Feuer, Wasser wird Erde, Wasser wird Luft usw.

Diese Verwandlungs-Betrachtung kann man auf drei Arten durchführen:

1. die Aggregatzustand-Verwandlungen:
   - fest (Erde) wird flüssig (Wasser): schmelzen
   - flüssig (Wasser) wird gasförmig (Luft): kochen
   - gasförmig (Luft) wird Plasma (Feuer): Atombombe
   - Plasma (Feuer) wird gasförmig (Luft): Kernfusion
   - gasförmig (Luft) wird flüssig (Wasser): kondensieren
   - flüssig (Wasser) wird fest (Erde): gefrieren

Es gibt auch noch Übergänge z.B. von fest zu gasförmig (Sublimierung), aber die Übergänge, in der Folge „fest – flüssig – gasförmig – plasmaförmig" sind die wichtigen Übergänge.

2. die Elemente-Verwandlungen:
  - Feuer wird zu Luft: der Rauch über dem Feuer
  - Feuer wird zu Wasser: Gewitter
  - Feuer wird zu Erde: Asche
  - Wasser wird zu Feuer: brennendes Öl
  - Wasser wird zu Luft: Dampf, Nebel, Wolken
  - Wasser wird zu Erde: Eis
  - Luft wird zu Feuer: brennendes Gas
  - Luft wird zu Wasser: Tau
  - Luft wird zu Erde: Rauhreif
  - Erde wird zu Feuer: brennende Kohlen
  - Erde wird zu Luft: Staub
  - Erde wird zu Wasser: geschmolzenes Metall

Dies sind nur einige einfache Beispiele, die man durch andere Bilder ergänzen sollte, damit diese Verwandlungen lebendig werden.

Das wichtige ist dabei nicht, daß die Bilder in allen Details „physikalisch korrekt" sind (die vier Elemente sind schließlich kein physikalisches Konzept), sondern daß man ein Gefühl für das Zusammenwirken der vier Elemente und für ihre Verwandlungen ineinander erlangt.

3. die Qualitäten-Verwandlungen:
  - Stärke (Feuer) hilft, die Wahrheit (Luft) auszusprechen.
  - Stärke (Feuer) gibt den Mut zu lieben (Wasser).
  - Stärke (Feuer) ermöglicht das Erreichen des Gedeihens (Erde).
  - Wahrheit (Luft) hilft die eigene Stärke (Feuer) zu finden.
  - Wahrheit (Luft) führt zum Ausdrücken der Liebe (Wasser).
  - Wahrheit (Luft) läßt erfolgreich handeln und gedeihen (Erde).
  - Liebe (Wasser) gibt große Kraft (Feuer).
  - Liebe (Wasser) läßt die Wahrheit (Luft) erkennen.
  - Liebe (Wasser) erschafft Leben (Erde).
  - Gedeihen (Erde) gibt Gesundheit (Feuer).
  - Gedeihen (Erde) hilft das Effektive (Luft) zu erkennen.
  - Gedeihen (Erde) fördert die Liebe (Wasser) zum Leben.

Diese vier Elemente sind auch das, wonach eine Wahrsagerin gefragt wird: „Ich will etwas über Geld (Erde), Liebe (Wasser) und Gesundheit (Feuer) wissen (Luft)."

Diese Betrachtungen sollten nicht nur intellektuell durchgeführt werden, sondern man sollte sie sich auch intensiv vorstellen. Dabei ist es sinnvoll, die vier Elemente stets in ihrer Richtung im Mandala zu imaginieren: in der Regel also Feuer im Süden, Luft im Osten, Wasser im Westen und Erde im Norden. Durch diese Richtungs-Bezogenheit bleiben die Elemente während dieser Betrachtungen und Imaginationen mit dem Mandala verbunden.

Durch diese Betrachtungen lösen sich in dem eigenen Verständnis die Grenzen zwischen den vier Elementen auf und sie werden zu einem Kontinuum. Dieser abgrenzungslose Zustand ist die Voraussetzung dafür, daß man von dem innersten Kreisring zu dem Kreis in der Mitte gelangen kann.

Diese Grenzauflösung ist umso effektiver, je besser die vier Elemente in der eigenen Psyche als Konzept verankert sind. Um dies zu erreichen, sind die Betrachtungen, Imaginationen, Traumreisen und Invokationen das beste Hilfsmittel. Man kann in einem Mandala immer nur das verwandeln, was man in dieses Mandala hineingelegt hat – durch die verschiedenen Formen der Meditation.

Dieser Zustand des Kontinuums ist hier als eine Erkenntnis und als eine Imagination beschrieben worden, aber er kann ganz real erlebt werden – die Erkenntnis ist nur ein Hilfsmittel, um zu dem Erleben zu gelangen … sozusagen ein Türöffner. Das Erlebnis des Kontinuums, das typisch für den Kreisring der Gottheiten ist, ist eines der Dinge, auf die man zwar hinweisen kann, aber die man nur begreifen kann, wenn man sie selber erlebt hat.

Und dieses Erlebnis lohnt sich!

IV 19. Die Mitte

Die Mitte ist der Ursprung, die Quelle, die Essenz des Mandalas. Die Qualität dieser Mitte hängt natürlich von dem betrachteten Mandala ab:

- Ein Mandala mit der Erdgöttin, dem Korngott, dem Regengott und dem Windgott in den vier Richtungen hat als Mitte die reiche Ernte.

- Das Beziehungs-Mandala hat als Mitte die eigene Seele.

- Das Horoskop-Mandala hat als Mitte ebenfalls die eigene Seele.

- Das Mandala der vier Kreisringe und der vier Richtungen hat Gott als Mitte.

Über das Erlebnis dieser Mitte kann man nicht viel sagen … Es ist ein „Es ist." Es ist ungeformt, unstrukturiert, in sich ruhend, strahlend … Es ist das, als was es die Dakota-Indianer bezeichnen: Wakan tanka – das Große Geheimnis.

In der Kabbala heißt der Gottesname, der diese Qualität ausdrückt, „Eheieh" – „Ich bin, der ich bin."

IV 20. Die Auflösung des Mandalas

Wenn das Mandala konkret im Außen aufgebaut worden ist, kann es sein, daß es auch wieder aufgelöst wird. Wenn das Mandala als Steinkreis oder als Stickbild angefertigt worden ist, bleibt es natürlich bestehen – wenn es jedoch nur imaginativ in einem Ritual aufgebaut worden ist oder wenn es aus farbigem Sand auf einem großen Tisch erschaffen worden ist, wird es am Ende wieder aufgelöst.

Das rituelle und nur imaginierte Mandala wird durch eine Geste und evtl. einige Worte wieder aufgelöst. Der Sand des Sand-Mandalas wird zusammengekehrt und evtl. in einen Fluß gestreut.

Das innere Bild des Mandalas bleibt jedoch in allen Fällen bestehen und wird nicht aufgelöst – es wird sozusagen in einen vorübergehenden Ruhestand versetzt und dann bei der nächsten Mandala-Zeremonie wieder aufgeweckt.

Manchmal wird auch ein Teil des Mandalas aufbewahrt und bei dem Aufbau des nächsten Mandalas wiederverwendet, um eine Verbindung zwischen den beiden Mandala-Ritualen herzustellen. So werden z.B. bei den Schwitzhütten-Ritualen die kleinen Tabak-Beutelchen, die für die Geister angefertigt werden und die während der Zeremonie in der Schwitzhütte hängen, bis zur nächsten Schwitzhütten-Zeremonie aufbewahrt und dann in das Feuer gelegt, in dem die Steine für die neue Schwitz-hütten-Zeremonie erhitzt werden.

Es gibt auch Mandala-Rituale, bei denen gegen Ende des Rituals das gesamte Mandala konkret oder imaginativ aufgelöst wird. Damit ist nicht das Ende des Rituals gemeint, sondern ein wesentlicher Teil des Rituals selber.

Dies ist ein Vorgang, der bei dem innersten Kreisring (Bereich der Gottheiten) durchgeführt wird: In diesem Kreisring wird das Kontinuum erkannt, also die Abgrenzungslosigkeit zwischen allen Dingen. Um zu dieser Erkenntnis zu gelangen, werden manchmal die ganzen komplexen Formen und Bilder des Mandalas schritt-weise aufgelöst, bis am Ende nur noch „der eine Geschmack in allen Dingen" bleibt.

Dieses Ritual hat die Aufgabe, denen, die an diesem Ritual teilnehmen, das Erleben des Kontinuums zu ermöglichen. Die Auflösung der Formen des Mandalas steht hier symbolisch für den „Sprung in den Abgrund", als der der Übergang von dem Kreis-ring der Seele zu dem Kreisring der Gottheiten erlebt werden kann.

IV 21. Nach dem Ritual

Nach dem Ende des Mandala-Rituals ist man wieder im Alltag. Wenn das Mandala-Ritual jedoch wirkungsvoll gewesen ist, wird sich dieser Alltag anders anfühlen als vorher. Man wird die verschiedenen Ebenen der Welt, die durch den Kreis und die vier Kreisringe dargestellt werden, auch im Alltag spüren:

- die Lebendigkeit des eigenen Körpers und die eigene Präsenz im Hier und Jetzt;

- die Lebenskraft in allen Dingen, die einen unter anderem als das eigene Krafttier, die eigene Kraftpflanze und der eigene Kraftstein begleiten und die einem helfen, die eigene Psyche zu heilen;

- die eigene Seele, die einem Halt und Orientierung gibt und die die Quelle des eigenen Strahlens ist;

- die eigene Schutzgottheit, in der man sich in jedem Augenblick völlig unabhängig von dem, was im Außen geschieht, geborgen fühlen kann;

- die Einheit hinter aller Vielheit, die jedem einzelnen Ding und Ereignis Bedeutung und Tiefe gibt.

Diese Veränderungen des Alltags und des eigenen Lebensgefühls sind das eigentliche Ziel jeder Mandala-Zeremonie.

Bücher von Harry Eilenstein

Astrologie

- Astrologie (496 S.)
- Photo-Astrologie (428 S.)
- Die astrologischen Aspekte (88 S.)
- Horoskop und Seele (120 S.)

Magie

- Handbuch für Zauberlehrlinge (408 S.)
- Telepathie für Anfänger (S.)
- Tarot (104 S.)
- Physik und Magie (184 S.)
- Die Magie-Formel (156 S.)
- Krafttiere – Tiergöttinnen – Tiertänze (112 S.)
- Schwitzhütten (524 S.)

Meditation

- Der Lebenskraftkörper (230 S.)
- Die Chakren (100 S.)
- Das Chakren-System mit den Nebenchakren (296 S.)
- Meditation (140 S.)
- Drachenfeuer (124 S.)
- Reinkarnation (156 S.)

Kabbala

- Kursus der praktischen Kabbala (150 S.)
- Eltern der Erde (450 S.)
- Blüten des Lebensbaumes:
    - Die Struktur des kabbalistischen Lebensbaumes (370 S.)
    - Der kabbalistische Lebensbaum als Forschungshilfsmittel (580 S.)
    - Der kabbalistische Lebensbaum als spirituelle Landkarte (520 S.)

Religion allgemein

- Muttergöttin und Schamanen (168 S.)
- Göbekli Tepe (472 S.)
- Totempfähle (440 S.)
- Christus (60 S.)
- Dakini (80 S.)

- Vajra (76 S.)

Ägypten

- Hathor und Re 1: Götter und Mythen im Alten Ägypten (432 S.)
- Hathor und Re 2: Die altägyptische Religion – Ursprünge, Kult und Magie (396 S.)
- Isis (508 S.)

Indogermanen

- Die Entwicklung der indogermanischen Religionen (700 S.)
- Wurzeln und Zweige der indogermanischen Religion (224 S.)

Germanen

- Die Götter der Germanen (88 Bände)
- Odin (300 S.)

Kelten

- Cernunnos (690 S.)
- Der Kessel von Gundestrup (220 S.)
- Der Chiemsee-Kessel (76)

Psychologie

- Über die Freude (100 S.)
- Das Geheimnis des inneren Friedens (252 S.)
- Das Beziehungsmandala (52 S.)
- Gefühle und ihre Verwandlungen (404 S.)
- einsgerichtet (140 S.)
- Liebe und Eigenständigkeit (216 S.)
- Von innerer Fülle zu äußerem Gedeihen (52 S.)
- Die Symbolik der Krankheiten (76 S.)

Kunst

- Herz des Tanzes – Tanz des Herzens (160 S.)

Drama

- König Athelstan (104 S.)

Die Themen der 88 Bände der Reihe „Die Götter der Germanen"

1. Die Entwicklung der germanischen Religion
2. Lexikon der germanischen Religion

3. Der ursprüngliche Göttervater Tyr
4. Tyr in der Unterwelt: der Schmied Wieland
5. Tyr in der Unterwelt: der Riesenkönig   Teil 1
6. Tyr in der Unterwelt: der Riesenkönig   Teil 2
7. Tyr in der Unterwelt: der Zwergenkönig
8. Der Himmelswächter Heimdall
9. Der Sommergott Baldur
10. Der Meeresgott: Ägir, Hler und Njörd
11. Der Eibengott Ullr
12. Die Zwillingsgötter Alcis
13. Der neue Göttervater Odin   Teil 1
14. Der neue Göttervater Odin   Teil 2
15. Der Fruchtbarkeitsgott Freyr
16. Der Chaos-Gott Loki
17. Der Donnergott Thor
18. Der Priestergott Hönir
19. Die Göttersöhne
20. Die unbekannteren Götter
21. Die Göttermutter Frigg
22. Die Liebesgöttin: Freya und Menglöd
23. Die Erdgöttinnen
24. Die Korngöttin Sif
25. Die Apfel-Göttin Idun
26. Die Hügelgrab-Jenseitsgöttin Hel
27. Die Meeres-Jenseitsgöttin Ran
28. Die unbekannteren Jenseitsgöttinnen
29. Die unbekannteren Göttinnen
30. Die Nornen
31. Die Walküren
32. Die Zwerge
33. Der Urriese Ymir
34. Die Riesen
35. Die Riesinnen
36. Mythologische Wesen
37. Mythologische Priester und Priesterinnen
38. Sigurd/Siegfried
39. Helden und Göttersöhne

40. Die Symbolik der Vögel und Insekten
41. Die Symbolik der Schlangen, Drachen und Ungeheuer
42. Die Symbolik der Herdentiere

43. Die Symbolik der Raubtiere
44. Die Symbolik der Wassertiere und sonstigen Tiere
45. Die Symbolik der Pflanzen
46. Die Symbolik der Farben
47. Die Symbolik der Zahlen
48. Die Symbolik von Sonne, Mond und Sternen
49. Das Jenseits
50. Seelenvogel, Utiseta und Einweihung
51. Wiederzeugung und Wiedergeburt
52. Elemente der Kosmologie
53. Der Weltenbaum
54. Die Symbolik der Himmelsrichtungen und der Jahreszeiten
55. Mythologische Motive

56. Der Tempel
57. Die Einrichtung des Tempels
58. Priesterin – Seherin – Zauberin – Hexe
59. Priester – Seher – Zauberer
60. Rituelle Kleidung und Schmuck
61. Skalden und Skaldinnen
62 Kriegerinnen und Ekstase-Krieger

63. Die Symbolik der Körperteile
64. Magie und Ritual
65. Gestaltwandlungen
66. Magische Waffen
67. Magische Werkzeuge und Gegenstände
68. Zaubersprüche
69. Göttermet
70. Zaubertränke
71. Träume, Omen und Orakel
72. Runen
73. Sozial-religiöse Rituale

74. Weisheiten und Sprichworte
75. Kenningar
76. Rätsel

77. Die vollständige Edda des Snorri Sturluson
78. Frühe Skaldenlieder
79. Mythologische Sagas
80. Hymnen an die germanischen Götter